# 民國歷史與文化研究

六 編

第 10 冊

八年抗戰期間中日美三國漫畫之研究

張淑冠 著

花木蘭文化事業有限公司

國家圖書館出版品預行編目資料

八年抗戰期間中日美三國漫畫之研究／張淑冠 著 — 初版 —
新北市：花木蘭文化事業有限公司，2017〔民106〕
目 8+248 面；19×26 公分
（民國歷史與文化研究 六編；第 10 冊）
ISBN 978-986-485-149-2（精裝）
1. 中日戰爭 2. 漫畫 3. 讀物研究
628.08                                    106013737

ISBN-978-986-485-149-2

9 789864 851492

民國歷史與文化研究
六 編 第 十 冊
                              ISBN：978-986-485-149-2

## 八年抗戰期間中日美三國漫畫之研究

作　者　張淑冠
總 編 輯　杜潔祥
副總編輯　楊嘉樂
編　輯　許郁翎、王筑　美術編輯　陳逸婷
出　版　花木蘭文化事業有限公司
社　長　高小娟
聯絡地址　235 新北市中和區中安街七二號十三樓
　　　　　電話：02-2923-1455／傳真：02-2923-1452
網　址　http://www.huamulan.tw 信箱 hml810518@gmail.com
印　刷　普羅文化出版廣告事業
初　版　2017 年 9 月
全書字數　139005 字
定　價　六編 10 冊（精裝）台幣 18,000 元

# 八年抗戰期間中日美三國漫畫之研究

張淑冠 著

## 作者簡介

張淑冠，畢業於中國文化大學藝術研究所美術碩士與史學研究所博士，擅長繪畫創作與美術史研究，是藝術家亦是學者。除從事學術單位與藝術相關的講師，現爲紗帽山畫會與漆畫學會的會員，以創作油彩與漆畫藝術爲主，並定期參加歷屆的畫會聯展與海峽兩岸美術聯展的邀約。

## 提　　要

　　漫畫藝術於近代戰爭期間所發展出來的「戰爭漫畫」具有獨樹一幟的特性，它的意義不單只是如同早期紀錄風俗民情的幽默風趣，也不像現今漫畫具有娛樂消遣的商業行爲，而是爲了戰爭的需求，其中參雜了許多政治作戰的宣傳意涵，成爲了各國宣傳戰中的重要形式媒介，不僅協助了國家軍事戰略上對國際間的宣傳戰術，淺顯易懂的漫畫圖像同樣也對國內的民眾引導教化的作用展現相當程度的影響力。

　　爲了應證戰爭期間漫畫發展的獨特意義，本論文以二次世界大戰前後之亞洲戰場上中日全面戰爭以及太平洋戰爭爲時間、區域的研究主軸，再分別以中國、美國、日本的戰爭漫畫發展作爲研究對象，進行個別研究並作總結的歸納與比較。筆者根據此研究方向所收集到戰爭漫畫相關的資料與圖像，以爲中國、日本、美國參與戰爭過程及意義的不同，加上各自歷史環境、文化背景的差異，影響其戰爭漫畫宣傳的屬性也大相逕庭，於是將之個別分類爲中國的抗戰漫畫、日本的侵略漫畫以及美國的反擊漫畫做爲研究範疇。該研究範疇中有關中國的抗戰漫畫，主要建立在中華民族過去歷經數千年歷史融合背景的基礎上，在面對日本強國侵略的暴行，中國漫畫家凝聚團結力量，透過抗戰漫畫的宣傳體現了民族主義強烈的愛國精神；至於日本的侵略漫畫，則是受到軍國主義強制的干涉，漫畫界在日本政府的控制下被迫要求宣傳侵略戰爭的合法性；來自美國的反擊漫畫，其重點在於實踐民主主義的自由理念，以促進世界和平的正義精神作爲反擊戰爭的宣傳目標。基於上述背景條件的分析，幫助筆者深入探討比較各國對於戰爭漫畫宣傳的運用發展與風格特性。

　　除了從宏觀角度，進行國家戰爭漫畫宣傳屬性的足跡研究。筆者亦兼具微觀的研究思維，擬從中日美三國之中，各自列舉代表性的研究對象，如中國漫畫家豐子愷（1898～1975）與黃堯（1917～1981）的抗戰漫畫、台灣日治時期《臺灣日日新報》的侵略漫畫以及美國社論漫畫家蘇斯博士（Dr. Seuss, 1904～1991）的諷刺漫畫，研究這三者於戰爭期間對戰爭漫畫的貢獻與付出。筆者希望從國家整體的研究乃至局部個體的觀察，能夠讓讀者更具體清楚認識戰爭漫畫宣傳對國家安危、民族意識、社會氛圍等所帶來的影響與緊密關係，藉此表明其存在之意義與價值。

# 目次

## 圖片目次

# 第一章　緒　論

## 第一節　研究動機與目的

### 一、研究動機

筆者研究本題目之動機可列出幾項要點：

1. 現代漫畫無所不在，引發學生好奇漫畫發展的起源，進而對戰時漫畫產生興趣。

2. 戰爭漫畫非純粹為娛樂工具，欲深入探討其中所蘊含社會教化和牽涉政治軍事的意識形態。

3. 瞭解各國戰爭漫畫的發展背景與操縱模式，再進而比較各國間彼此從事漫畫宣傳關係的差異性。

4. 研究戰爭時期的漫畫發展之論文甚少，希望拋磚引玉能吸引更多學者對此研究產生廣大興趣。

漫畫做為一種大眾文化的藝術形式，一直深受觀眾的歡迎，成為現今具商業流行趨勢的娛樂產業，近年來更成為了日本動畫電影及好萊塢電影翻拍的熱門題材，因此，有關漫畫的發掘引發筆者對其產生極大興趣，進而想瞭解漫畫存在的背景與意義，經收集部份資料後發現，往前推延至戰爭時期依舊可以看到漫畫發展的足跡，但是不同於現代社會著重於娛樂消遣的享樂主義，歷經戰爭紛擾的國家紛紛將漫畫視為國家軍事宣傳的重要傳播工具，即所謂的戰爭漫畫宣傳，其中的內容更是蘊含了許多社會教化功能以及政治意識形態的意義。基於想要更深入研究戰爭漫畫的足跡，瞭解並比較各國戰爭漫畫宣傳的服務對象與操縱模式的差異性，包括各國間如何運用漫畫宣傳為

自己國家服務？漫畫宣傳的形式背景又是爲何？以及各國漫畫宣傳功能的特色？成爲了筆者想要探索的動機。再者，以二次世界大戰亞洲戰區爲例，綜觀中國八年抗戰與二次大戰史實研究，大多學者純粹以國家政治、經濟與軍事對抗爲研究重點，著論多提及戰爭時期的戰術、戰略與戰法，亦另有部分學者，以當時政治人物及其著名將領的人格特質作爲研究的方向。然而，顯少有人提及這一場大時代戰爭背後，利用政治、軍事手段操控漫畫成爲大眾化宣傳工具，對國家、民族、社會發展所帶來的深遠影響爲何。

故本研究以二次大戰前後亞洲戰區爲研究範圍，並以中日八年抗戰（1937～1945）和美日太平洋戰爭（1941～1945）爲時間主軸，再分爲中國、日本、美國三方個別深入探討彼此如何藉由漫畫之宣傳手段，爲戰爭期間的對內與對外戰爭態勢之成型做充足的準備以及所發揮的深遠影響；其次，從各國民族社會的環境背景層面如何對漫畫發展的影響，表述各國間運用作戰漫畫宣傳的差異性；再者，論述戰爭期間中日美漫畫圖像宣傳之個別意圖，如何運用漫畫宣傳作品來達成各自國家的作戰目的，例如作戰決心之展現、戰場士氣之提升、宣示愛國立場之表達……等等。筆者試圖由此探討政治作戰使用戰爭漫畫宣傳於各個時空領域下，受到各個國家民族意識的不同所受政治操作，其目的均有所不同，企圖以不一樣的路徑來解讀及詮釋戰爭的歷程，再次凸顯漫畫藝術對人類生活影響的重要性，更希望拋磚引玉能吸引更多學者對此研究產生廣大興趣。

## 二、研究目的

筆者研究目的可列出二項要點：

1. 從社會學角度分析過去戰爭漫畫的發展背景，尋求與現代娛樂漫畫的發展結構之差異。

2. 從戰爭漫畫宣傳的運用過程體現其社會教化的意義對現今漫畫發展是否關聯並影響。

筆者研究漫畫作爲主題，是希望站在現今社會的角度能夠回溯過去，儘可能分析昔日過往的漫畫發展能否影響到現代漫畫的背景。相較於流行娛樂漫畫充斥於現今社會，並且引發許多人質疑閱讀漫畫是有害身心健康的娛樂產業，使筆者不僅聯想過去漫畫誕生的年代是否也同樣引發相同的認知情況，亦或者可能因爲時代背景的不同，漫畫的發展也會出現更多意義存在的

價值。因此，筆者選擇戰爭時期的漫畫發展作爲研究主題，儘可能與和平時代的現代漫畫發展作一個環境比對，其一目的便是爲了尋求過去與現代漫畫發展結構之差異變化。再者，漫畫被看作是從繪畫創作延伸出來的隨性之筆，利用簡潔線條圖案搭配主題文字，傳遞出諷刺、娛樂、搞笑、宣傳……等訊息，因此，通過社會學角度觀察，不論是戰爭漫畫或者娛樂漫畫，漫畫的服務對象一直都是社會群眾，不分男女老少、不分階層地位，都能輕易接受簡單易懂的漫畫內容，也造就過去戰爭時期的漫畫基於這樣的條件成爲了教化的宣傳工具。像這些具有社會教化意義的戰爭漫畫，是否落實於現今社會的漫畫發展，爲了找尋答案而深入研究，亦是筆者研究的另一目的。

## 第二節　名詞界定與概略分析

探索「漫畫」一詞，有關漫畫的名稱，西方人將漫畫稱作卡通（Cartoon）或諷刺漫畫（Caricature）。20 世紀初，長篇式的連載漫畫（Comics Strip）誕生並且流行於美國。在日本一般學者認爲浮世繪大師葛飾百齋（葛飾北齋，1760～1849）於 1814 年出版的《北齋漫畫》中便已使用漫畫一詞。至於中國近代首次出現「漫畫」一詞，學者祝均宙認定是在 1904 年 3 月 27 日，上海報紙《警鐘日報》中專闢〈時事漫畫〉專欄，是最先出現使用「漫畫」的名詞，該專欄專門刊登針貶時政的漫畫。〔註1〕若站在現代社會的角度來看「漫畫」，民眾多半將它視爲能夠提供大家趣味性的消遣娛樂對象，並隨著網路資訊發達，各國流行的漫畫讀物也在世界各地傳播，形成一股潮流。當然除了娛樂漫畫，偶爾在報章雜誌上也會看見一些關心社會政治等時事的諷刺漫畫，專門製造議題爲引起民眾關注；另外也有專門出現在公眾場所或網路上，爲民眾提供生活上必要資訊的宣導漫畫。這些五花八門的漫畫種類成爲現代漫畫發展的特性，也是大眾習以爲常的接觸對象，殊不知這些漫畫類型與功用，早在 19 世紀初便已逐漸形成，奠定流行基礎並且影響了現代漫畫的趨勢。

關於漫畫起源問題，每個國家都根據自己的文獻資料與觀點提出各自的起源時期，在歐洲地區甚至可追溯到 15 世紀末宗教改革運動時期，民眾運用諷刺漫畫來表達對教宗以及法國國王路易十二的不滿；還有文藝復興時期的

---

〔註1〕 祝均宙，《圖鑑百年文獻──晚清民國年間畫報源流特點探究》，永和：華藝學術出版社，2012，頁 160～161。

藝術家達文西（Leonardo da Vinci，1452～1519），在速寫本中亦發現其畫有具誇張、滑稽的人物像，因而開始有了西洋漫畫的表現。但真正要探討漫畫何時成為時代流行的產物，透過漫畫式圖像文獻歷史則可追溯自 1841 年，來自於英國發行最著名的諷刺漫畫雜誌《笨拙》（Punch），在這份刊物中專門刊載大量的漫畫作品，許多作者以幽默、諷刺的內容批判當時英國政治社會以及國際時事問題的探究，大受媒體與民眾的歡迎，加上印刷技術與商業通路的進步，讓諷刺漫畫流傳更為普及，後來《笨拙》這本雜誌更陸續推行至歐美各地，甚至流入亞洲的日本與中國，而其諷刺漫畫的畫風也藉此逐漸傳播開來，成為一股流行趨勢。例如 1861 年英國漫畫家查爾斯‧華格曼（Charles Wirgman，1832～1891）來到日本擔任「倫敦圖畫新聞」特派員，後來他創辦了一份名為《日本笨拙》（Japan Punch） 的漫畫雜誌，是以時事漫畫、風俗漫畫為主要的創作內容，帶動政治諷刺畫的流行，給予日本漫畫界很大的衝擊。〔註2〕不久，1867 年英國殖民地香港也引進了這種漫畫風格，創辦了《中國笨拙》（The China Punch），可是卻一直等到 1880 年才在中國出版的《花圖新報》刊物上首次刊登了近代具有漫畫特徵的繪畫作品，而後 1918 年出版第一份專業的漫畫雜誌《上海潑克》，至此這種漫畫式風格才得以在中國廣泛流行。由此可知，漫畫最初流行的用途並非只是單純娛樂觀眾的商業行為，它的內容大部分為滑稽與幽默的圖像，如同其他的批判文章，主要用來諷刺或歌頌政府當局製造的問題以及現實生活的一切，連同中國的《現代漢語詞典》給予「漫畫」的解釋內容也是表明用簡單而誇張的手法來描繪生活或時事的圖畫。一般運用變形、比擬、象徵的方法，構成幽默、詼諧的畫面，以取得諷刺或歌頌的效果。因此，早期的漫畫實具有批判功用，尤其針對社會與政治上的種種問題，雖然非絕對商業化娛樂性質，但簡單有趣的漫畫圖畫流竄於大街小巷之中，深受觀眾們的喜好與注意，也足以說明漫畫成為大眾文化的產物，與民眾之間關係有一定的緊密程度。

當漫畫發展進入到戰爭時期，世界各國受到戰爭摧殘以及經濟蕭條等因素，漫畫非但沒有因此銷聲匿跡，漫畫家們反而運用諷刺漫畫的內容進行所謂文筆之戰，以幽默圖像大力批判對手的暴行與殘酷，而各國政府也紛紛採用其大眾文化的傳播特性，以及深受民眾喜愛的緊密關係，讓它成為了為國家、為戰爭服務的大眾化宣傳工具，其實早在第一次世界大戰之時，歐美國家便開始

---

〔註2〕 方成，《報刊漫畫學》（台北：邵大圖書出版），頁 49～50。

將諷刺漫畫的風格套用在戰爭漫畫的宣傳模式上加以運用，後來二次大戰爆發，對他們來說推行漫畫宣傳的形式想必更加得心應手。對於亞洲地區如中國與日本而言，戰爭漫畫的發展同樣也讓漫畫從大眾文化表現走入國家宣傳戰的領域。筆者發現漫畫出現在中國逐漸由萌芽階段進入繁榮階段期間，國際間正逢經歷第一次世界大戰至第二次世界大戰期間，中日戰爭為中國歷史帶來巨大變化，當中國使用軍事武力解決民族問題與領土控制之時，漫畫也在這時候開始轉變其功用和目的性，為自己民族國家大力推行愛國宣言，儘管漫畫作品依舊維持滑稽與諷刺的風格，但卻也成為了戰爭漫畫宣傳獨特的傳播內容。在日本方面，戰爭漫畫的宣傳運用明顯與該國自明治時期走向軍國主義統治，計畫向外擴張侵略的政策有絕對的關連性，然而當時漫畫完全被國家政府強力控制與驅使，也足以顯見中央政府對戰爭漫畫宣傳的重視。

　　為何戰爭漫畫的宣傳能夠在戰爭時期成為重要的傳播工具，主要重點在於大眾普遍都能接受漫畫創作，而且看似簡單易懂的形象中，不僅克服了艱困環境藝術家無法專注精細美術創作的窘境，又能針對文盲或教育程度低的民眾直接給予教化宣導的訴求，不論是針對侵略者還是被侵略的國家，任何一個國家，即使語言文字不通，也都不影響運用漫畫看圖說故事的圖像式功效，民眾只要有看得見的眼睛都能輕易地從漫畫內容中瞭解應有的訴求與教化，再加上漫畫圖像可快速描繪且易於印刷出版的特性，可達到迅速宣傳的效果，更是在兵荒馬亂的戰爭時期中，受到國家政府的青睞用以作為宣傳的對象。

　　基於上述對漫畫的解釋與說明，筆者依據前後流行發展將其分為三大主流，並針對特性做簡略呈現（如表 1），讓觀者能夠更清楚漫畫發展的關係以及瞭解筆者研究的範圍是以 20 世紀上半葉的戰爭漫畫為領域。

**表 1、漫畫流行發展主流之特色**

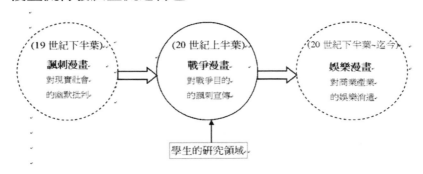

## 第三節　研究範圍與架構

### 一、研究範圍

　　本論文研究範圍從時間、空間、對象及內容均有完整清楚的規劃，就時間而言，以 1937 年至 1945 年爲重心，並以亞洲戰場上八年抗戰之中日戰爭和二次世界大戰之美日太平洋戰爭爲區域主軸，再分爲中國、日本、美國三方爲個別研究對象，根據作戰期間彼此如何運用戰爭漫畫之宣傳手段以爲戰爭態勢之成型做充足準備，並且分別從這三個國家對於戰爭漫畫的宣傳背景、發展條件、內容走向等三個面向，以及從各國中列舉代表漫畫家或出版報刊做深入觀察，分析各國在戰爭期間所引起社會意識形態爲何以及如何達成各自國家之作戰目的，爾後，再行比較與歸納，最後總結出各國戰爭漫畫宣傳所發揮深遠影響與不同意義，以彰顯漫畫藝術對人類社會生活影響的重要性。

　　有鑑於戰爭期間有關政治作戰漫畫宣傳內容的種類繁多，所牽涉的議題分有對外的有關控訴暴行、諷刺敵人、愛國精神、盟國合作……等等內容；還有對內的有關國家經濟債券、建設生產、節約開支、募兵從軍……等等內容。由於本研究的探討主要重心放在國與國之間如何利用戰爭漫畫的宣傳進行對彼此的批判諷刺以及達到各自訴求目標的手段，因此本文是以國家對外的戰爭漫畫宣傳題材作爲研究對象。根據此方向所收集到漫畫圖像及相關資料，筆者以爲中國、日本、美國參與戰爭過程及意義的不同，影響其漫畫宣傳的屬性也大相逕庭，於是將之分類爲中國抗戰漫畫、日本侵略漫畫、美國反擊漫畫，藉此從中找出彼此之間的差異性。

　　針對上述研究範圍，本研究章節架構主要分有五個部份，說明如下：

　　第一章爲緒論，主要敘述本研究動機與目的、範圍與架構、途徑與方法、文獻探討與限制等。

　　第二章探討中國對日抗戰之漫畫宣傳，中日戰爭期間中國花了八年抗戰心血忍辱負重地對抗日軍的侵略，連同戰爭漫畫作品也都一心一意針對日本的暴行與中國的犧牲作全面的宣傳與紀錄，筆者擬從救亡到抗戰漫畫宣傳背景、宣傳推行助力以及漫畫作品內容的意義等範圍，並列舉漫畫始祖豐子愷以及抗戰漫畫家黃堯的漫畫爲例，作爲呼應觀察的對象，深入瞭解有關中國對日抗戰之漫畫宣傳的存在背景以及如何利用抗戰漫畫宣傳增強民眾對抗日的民族意識與愛國精神。

　　第三章探討日本侵略野心之漫畫宣傳，日本自從成爲軍國主義國家以來，便有計畫地以殖民目的企圖侵略佔領中國領土，甚至更擴張其目標以「大東亞共榮圈」爲藉口，以武力脅迫南進東南亞地區，促使美國與日本交惡，最終成爲引爆太平洋戰爭的禍首，這些行爲都是日軍本身爲了侵略的野心，不惜犧牲國家的資源與國民的信任所得到的後果，筆者擬從日本侵略漫畫宣傳背景、宣傳推行管道以及漫畫作品內容意義等範圍，並列舉台灣日治時期所經歷「皇民化運動」以及《台灣日日新報》中的戰爭漫畫宣傳作爲觀察對象，探究侵略國家中的戰爭漫畫宣傳存在背景以及如何通過侵略漫畫推行軍國主義和侵略政策。

　　第四章探討美國對日反擊之漫畫宣傳，美國於 1941 年正式介入二次世界大戰，主要原因在於日本無端偷襲珍珠港，讓美國決定出面爲民主自由之正義而戰，雖然美國一度將重心放在歐洲戰場上，但面對日本毫無預警地攻擊美國夏威夷珍珠港，也讓美國決定對日本的侵略予以痛擊，並與中國的同盟合作阻止日本之南進，筆者擬以美國對亞洲戰場上的戰爭漫畫宣傳作爲研究對象，從其反擊漫畫宣傳背景、宣傳推行要素以及漫畫作品內容意義等，並列舉二戰期間美國社論漫畫家蘇斯博士（Dr. Seuss, 1904～1991）的漫畫創作作爲觀察對象，來探究西方國家的戰爭漫畫宣傳背景以及民主主義與反日意識對反擊漫畫宣傳的影響。

　　第五章爲結論，針對上述章節進行綜合性的總結，以歸納和比較國家之間戰爭漫畫宣傳的異同以及對國家、對社會、對人心的影響，說明漫畫宣傳對戰爭的重要意義與緊密關係。

## 二、研究架構

### （一）論文方向架構

　　論文方向架構主要呈現研究對象中美日三國，於中國八年抗戰期間，彼此是敵是友的相互關係爲何，如日本對中國和美國，均是爲侵略而戰，爲此，中國採取抗敵應對，美國則以反擊回應；相對地，中美之間則屬同盟關係。另外，也呈列出對於各國運用戰爭漫畫宣傳所展現的意識形態特徵，如中國抗敵漫畫是以民族主義作爲宣傳的出發點，日本侵略漫畫宣傳則推崇軍國主義，美國反擊漫畫主打著爲民主主義而戰的宣傳主軸。以上呈述作爲該圖表的重點內容（如圖表 2）。

## 表 2、論文方向架構

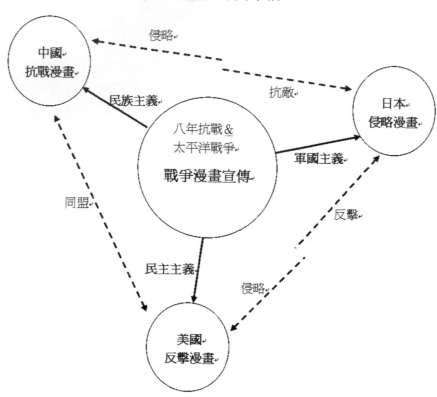

（二）研究主題架構

　　研究主題架構是從已設定之研究方向中，針對論文內容做更深入的主題重心之歸納。如中國抗戰漫畫主題，設定以時間主軸劃分抗戰前後的漫畫發展，再從民族主義意識中了解抗戰前後的愛國精神，主要由抗戰前愛國救亡運動直到進入抗戰後誓死全面抗戰；日本侵略漫畫主題，設定以地域性主軸劃分日本本島與中國淪陷區，日本政府致力於軍國主義的推崇，為侵略他國向本島國民提出膺懲暴戾支那的聖戰為合理藉口，又為擴展殖民領土再向國民和淪陷區民眾提出大東亞共榮圈的遠景；美國反擊漫畫主題，是以社會環境主軸提出美國本土對於日本侵略的反擊態度，從其反擊漫畫宣傳中歸納出影響該漫畫發展的重點在於民主自由的多元文化以及反日情結的種族貶抑。筆者嘗試從各國不同環境與時空背景作此論文主題的劃分，最後再針對各自戰爭漫畫發展的特色做異同關係之比較，以供讀者更清楚本論文的研究主題架構（如圖表 3）。

表 3、研究主題架構

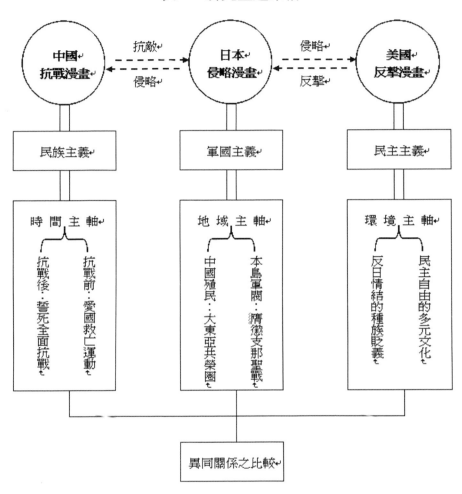

# 第四節　研究途徑與方法

## 一、研究途徑

　　本文研究途徑，筆者擬以戰爭的歷史觀點出發，搭配藝術社會學與圖像符號學等相關學理與方法進行分析研究。

### （一）藝術社會學（Sociology of Art）

　　所謂藝術社會學的觀點認為藝術屬於社會脈絡的一部分，藝術作品的形成與社會環境彼此有著不可分割的關係，因此學者可透過社會的歷史背景加以探討認識藝術的形式、內涵與風格變化，相對地，藝術作品同樣也

具備社會的功能反映出社會的特性、需求與環境變化。雖然漫畫作品是比較新穎的現代產物，但漫畫乃是言簡易賅的繪畫表現，實際上仍屬於藝術的形式表現內容，因此，筆者以藝術社會學的觀點，探究中日美三國戰時之漫畫所受到社會結構限制與影響，在不同歷史背景、政治環境或戰爭情境下，漫畫發展究竟有何變化以及意義爲何，試圖爲漫畫宣傳在戰爭期間中找到合理的定位。

### （二）圖像學（iconology）

漫畫雖然是藝術內涵，但比起外在的形式表現，漫畫更重視內涵意義，因此不得不藉助圖像學的學理，爲戰爭漫畫作品進行深刻分析。所謂圖像學偏屬於藝術史的領域學問，根據作品的背景與脈絡，記錄下各圖像演變與象徵的意義。根據潘諾夫斯基（Erwin Panofsky，1892～1968）提出圖像學方法，確立了圖像解釋的三層步驟分別爲描述、分析、解釋。第一層步驟爲客觀描述，先仔細觀察、辨識圖像的形式因素，將線條、明暗、色彩當作是對客觀世界的再現；第二層步驟是圖像的論述和分類，要鑑別圖像之主題、素材與內容，文獻史料中記載的主題意涵或是約定成俗的象徵符號都是辨別的來源；第三層步驟爲更進一步探討圖像內在意義與內容，以解釋創作者所欲表達的整體內容以及特定蘊含的意味。〔註3〕圖像既是戰爭漫畫作品構成的其中要素，因此根據潘諾夫斯基主張的三步驟套用本論文的漫畫圖像，第一層先行觀察與描述漫畫形式中的對象與事物，再行辨識內容所具備的意涵；第二層則著重在主題的意象與故事內容，故須先認識二次大戰期間中日美彼此牽連的重要歷史背景；第三層則要解釋圖像象徵意義，例如抵抗的、侵略的或是愛國表現的象徵圖像等等，找出不同國家其戰爭漫畫表現的特定蘊含有哪些，期望透過圖像學的步驟整理，以能解讀出漫畫圖像所隱藏的時代文化的象徵。

## 二、研究方法

進行研究方法之前，必須先行瞭解所擬用的資料來源，主要分成三個領域：

1. 從圖書館、期刊、學術論文搜尋戰爭漫畫宣傳的相關資料。

---

〔註3〕 周志勇，《潘諾夫斯基圖像學理論之研究》，（屏東；屏束教育大學），2006/05，頁 72～78。

2. 從報章雜誌、政府出版品或官方統計資料蒐集戰爭漫畫的介紹。

3. 利用電腦網路資訊系統查閱戰爭漫畫宣傳的訊息與圖片。

本研究方法，針對資料來源的文獻資料、歷史圖檔、學術理論等收集與整理，進行多重個案研究法、歷史研究法、文獻分析法等方法，再採用分析、歸納、比較等方式，用以佐證戰爭期間，政府操作與社會意識下漫畫宣傳對各國的影響。

### 1. 多重個案研究法（Multiple Case Research）

所謂多重個案研究，指在整個研究過程中，研究者同時針對幾個個體、團體或特定範圍，將所收集之資料以敘述、解釋方式進行研究的工作。本論文以二次大戰期間中國、日本、美國的戰爭漫畫宣傳作為主題，採用多重個案研究法，筆者擬針對三個國家的戰爭漫畫發展背景及其作品進行研究，並列舉各國代表性對象進行個別觀察探討，然後再探索各國之間的相異特色，找出漫畫藝術對戰時社會生活的影響。

### 2. 歷史研究法（historical research）

所謂歷史研究法，是依照歷史發展的順序對過去事件進行研究的科學方法，有系統的搜集並且客觀的評鑑與主題有關的歷史事件之資料，以解釋事件背景和因素，因此本論文的主題主要從兩方面進行歷史資料蒐集工作並作為研究背景，一為二次世界大戰亞洲戰場上中日美的歷史戰況，二為針對中日美三國各自的戰爭漫畫宣傳背景。根據這兩大主軸，其歷史的資料來源主要通過第一手資料和第二手資料的書面記錄，如書籍、報紙、期刊等文章以及圖畫，經過綜合、歸納後，將歷史事實加以整理分析，建構出研究對象過去所發生的歷史背景以便瞭解其因果關係，或者掌握其內涵意義，作為研究成果的基礎和對幫助未來趨勢的預測。

### 3. 文獻分析法（Documentary Analysis）

所謂文獻分析法，屬於間接的科學研究方法，主要搜集、歸納、界定前人研究的文獻資料，作系統化的分析整理，以掌握本論文中有關戰時漫畫宣傳作品的形成與發展，漫畫的文獻資料包括圖書、期刊、學位論文、漫畫作品集、檔案等常見的書面印刷品，透過這些文獻研究有助筆者補充與擴展研究領域的相關資訊與內容，並且藉由每一作者不同的主觀見解以及研究結果，突破自己調查研究的侷限性。

## 第五節　研究限制與文獻探討

### 一、研究限制

　　筆者研究戰爭漫畫的足跡，為了深入比較國與國之間彼此利用漫畫宣傳達到作戰目的的異同關係，以印證漫畫對戰爭的重要性，其範圍廣及中國、日本與美國三個國家，但所面臨的限制便是國內學術研究戰爭漫畫的文獻資料成果以及相關書籍的介紹並不多，收集的資料又多是與中國抗戰漫畫有關的研究為主，針對日本、美國的漫畫資料不僅缺乏，就連翻譯書籍也寥寥無幾，可見國際漫畫史在台灣地區依舊未受到應有的重視，這是筆者研究戰爭漫畫碰到的最大難題。因此筆者無法直接從漫畫史單項資料進行分析，而是改採綜合多方來源資料收集的方向切入，如從各國歷史角度、文化宣傳角度、傳播媒體角度……等等，從中瞭解中日美三國於戰爭期間的背景環境，進而深入探討這些因素如何對漫畫發展產生影響，再轉向思索漫畫於這些背景當中所扮演的角色之重要性。

　　再者，針對漫畫圖像的收集，由於當時戰亂局面，許多宣傳品與報刊雜誌也都散落在各地方，遭受砲火摧殘破壞，加上年代久遠，更多的漫畫作品都已失散，又或是製造年份與作者無可考據，以至於現今許多國家想要有系統的整理匯集戰爭時期的漫畫宣傳作品，有實質上的困難度，僅能倚靠戰後尚存活世上的漫畫家提供所收藏自己的作品，或是戰時有收集漫畫圖像習慣的有心人貢獻收藏的資料，讓我們可以從中獲得相關圖像資訊。幸運的是現今網路搜尋方便，許多專業研究單位如圖書館、學校、博物館甚至私人團體組織等，凡涉及戰爭資訊的研究單位都專門架設相關網站，根據各自蒐集資料提供戰時各式圖像資料庫，只要花點時間搜尋與篩選，終將能找到需要的漫畫圖像做為研究樣本。

### 二、文獻探討

　　國內深入研究戰爭時期漫畫宣傳的文獻不多，大部分文獻偏向政治與軍事宣傳策略的研究，其次，以漫畫為主題的期刊文獻雖有數百筆，但幾乎介紹現今的漫畫發展議題，偏向於教育、商業、娛樂等方面居多，鮮少發現有關戰爭漫畫這塊領域的研究，因此，筆者除了針對漫畫主題切入以瞭解當時戰爭漫畫發展方向，並且根據中日美三國戰爭歷史背景綜合研究戰爭漫畫的環境，最後將收集到的圖像文獻做歸納整理。

### （一）漫畫主題

　　漫畫主題的研究是希望透過戰爭時期當時的出版書報與雜誌紀錄，能夠對戰爭漫畫的發展有一定的認識與瞭解，因此收集一些漫畫史書籍作爲參考文獻。有關中國抗戰漫畫發展的領域，中國大陸方面有許多著作介紹中國漫畫史，其中畢克官與黃遠林的《中國漫畫史》〔註4〕是早期較有系統的著述由清末民初至建國前的中國漫畫發展史，可供筆者用來參考查照史料之用；祝均宙的《圖鑑百年文獻──晚清民國年間畫報源流特點探究》〔註5〕一書針對中國晚清以來各式報刊也提供相當詳細且豐富的第一手文獻資料，其中漫畫類的畫報爲筆者提供有關抗戰漫畫宣傳階段，抗戰漫畫歷史發展以及畫報內容的特性和類型。

　　至於日本侵略漫畫發展的領域，除台灣研究學者陳仲偉的《日本漫畫400年：大眾文化的興起與轉變》〔註6〕試從深入17世紀以來日本漫畫文化的發展與變遷作爲研究主題，有助筆者瞭解日本漫畫史的發展，以及戰爭期間糾葛在政治、軍事與日常生活之中的漫畫演變；另有日本漫畫評論家石子順的《日本の侵略、中国の抵抗──漫画に見る日中戦争時代》〔註7〕內容是以介紹日中戰爭期間漫畫家作品的形式，不僅介紹日本也兼論中國的漫畫家所畫出對戰爭體驗的漫畫作品，如何從侵略與抵抗的角度來描繪這場戰爭，作者介紹許多同時期的中日漫畫作品，有助於筆者比較出雙方的特色與風格。

　　除此，有關美國反擊漫畫的發展，漫畫類型出現多元化局面，包括娛樂連載、政治社論以及政府宣傳等，由於國內鮮少出現相關領域的漫畫書籍，僅有中國方面洪佩奇所著《美國連環漫畫史》專書〔註8〕，針對美國許多連環漫畫的權威著作進行了深入全面的研究，對各個歷史時期的娛樂連環漫畫其背景、起因、發展過程及影響作了客觀的評述，成爲筆者參詳閱讀資料；另外，陳白夜、徐琰等編著《中外漫畫簡史》〔註9〕以圖文並茂的方式介紹歐美

〔註4〕畢克官、黃遠林，《中國漫畫史》（北京：北京文化藝術出版社），1986年。

〔註5〕祝均宙，《圖件百年文獻──晚清民國年間畫報源流特點探究》（新北市：華藝學術出版社），2012年。

〔註6〕陳仲偉，《日本漫畫400年：大眾文化的興起與轉變》（台中：東海大學），2009/05。

〔註7〕石子順，《日本の侵略、中国の抵抗──漫畫に見る日中戰爭時代》（日本：大月書店會社），1995/07。

〔註8〕洪佩奇，《美國連環漫畫史》（江蘇：譯林出版社），2007/04。

〔註9〕陳白夜、徐琰編著，《中外漫畫簡史》（浙江：浙江大學出版社），2008/02。

及中日國家自古至今的漫畫發展脈絡，包括娛樂漫畫、連載漫畫、諷刺漫畫、政治漫畫等多元的類型介紹，亦可提供筆者做深入的比較。再者，蔡綺的《從戰爭海報看海報戰爭：二次世界大戰美國宣傳海報研究》〔註 10〕介紹美國海報的發展、主題分類、設計風格以及結構符號，也有助於瞭解美國政府於戰時利用漫畫宣傳的背景環境。

## （二）綜合研究

筆者根據中日美三國戰爭歷史背景，採用綜合研究從政治、文化、社會、教育等多方面角度分析漫畫宣傳如何推行以及對國家政治作戰的影響為何。

就中國抗戰漫畫宣傳而言，其推行助力深受漫畫宣傳隊極力付出以及國民政府補助支援的影響，筆者除從中國漫畫史以及相關期刊中收集整理這些漫畫宣傳隊的貢獻資料，並透過陳逢申的論文《戰爭與文宣：以中國抗戰時期的話劇、音樂及漫畫為例（1937～1945）》〔註 11〕一文中所採用許多原始檔案的資料，瞭解國民政府與抗戰時期文化宣傳之間的關係，針對其中漫畫宣傳運動的介紹以及和國民政府之間的合作關係，提出相當多見解和詳細記載，對筆者論文撰寫大有助益。

研究日本侵略漫畫宣傳的推行組織中，筆者從政治、教育方向著手整理，由陳鵬仁教授編譯的《解讀中日全面戰爭》〔註 12〕、《中日關係史》〔註 13〕、《近百年來中日關係》〔註 14〕、《近代日本外交與中國》〔註 15〕……等書籍，翻譯許多日本學者研究中日戰爭期間的經典著作，詳盡介紹日軍政府採取外交政策的實際企圖與現實作為，以及日本實施軍國主義統制下的環境背景，受到此政治操作的背景因素影響，日本本土的漫畫宣傳發展也因此受到嚴重的控制；此外，齊紅深學者收藏許多日本侵華親歷者的口述歷史以及珍貴的

〔註 10〕 蔡綺，《從戰爭海報看海報戰爭：二次世界大戰美國宣傳海報研究》（臺北：七月文化事業有限公司），2000/01。

〔註 11〕 陳逢申，《戰爭與文宣：以中國抗日時期的話劇、音樂及漫畫為例（1937～1945）》（臺北：中國文化大學），2004 年。

〔註 12〕 藤原彰著，陳鵬仁譯，《解讀中日全面戰爭》（臺北：水牛圖書出版有限公司），1996/01。

〔註 13〕 臼井勝美著，陳鵬仁譯，《中日關係史》（臺北：水牛圖書出版有限公司），2003/10。

〔註 14〕 陳鵬仁，《近百年來中日關係》（臺北：水牛圖書出版有限公司），中日文對照、二版，1987 年。

〔註 15〕 臼井勝美著，陳鵬仁譯，《近代日本外交與中國》（臺北：水牛圖書出版有限公司），二版，1986 年。

歷史圖片，並根據這些資料編撰一系列日本對中國教育的研究叢書如《日本
侵華教育史》〔註 16〕、《見證日本侵華殖民教育》〔註 17〕、《日本對華教育侵
略》〔註 18〕……等書，這些資料提供筆者關注日本殖民中國領土所採取的手
段，以及對殖民推行漫畫宣傳的統制影響。

　　美國反擊漫畫宣傳的要素中，筆者擬從社會政治與文化背景作爲研究對
象，藉此觀察美國主張民主、自由、平等的精神意識如何影響成爲反擊漫畫
宣傳的條件，除了閱讀美國歷史與傳記等書籍，並參詳其他有關美國文化史
的書籍作如路易士・哈茨（Louis Hartz）的《美國的自由主義傳統》〔註 19〕、
李其榮的《美國文化解讀——美國文化的多樣性》〔註 20〕等等。

### （三）圖像文獻

　　漫畫圖像資料來源，一部分是從漫畫史、漫畫家傳以及漫畫作品合集中
搜尋而來，另一部份則來自官方網站、漫畫家作品網站或者專業收藏家網站
的提供。

　　中國大陸的中國革命博物館於盧溝橋事變五十周年時出版了《抗日戰爭
時期宣傳畫》〔註 21〕，此本畫集將現存收藏的漫畫圖像彙整集結一起，具有
鮮明的時代特徵，成爲筆者參考研究的重要史料。另外，日本一位知名漫畫
家森哲郎所著（欽德、鮑文雄譯）《中國抗日漫畫史——中國漫畫家十五年的
抗日鬥爭歷程》〔註 22〕，對中國抗日時期漫畫運動深感興趣，90 年代親自到
中國考察，收集資料並且訪談考證，除了是一部漫畫斷代史的代表作，當中
穿插的豐富漫畫作品也成爲圖像史料研究的重要依據。經歷戰爭的漫畫家，
則將自己保留的作品集結成畫冊或架設專屬網站，其中「中國漫畫家網站」
介紹許多如葉淺予、胡考、黃堯、張樂平、特偉、梁白波、張仃、高龍生、
張文元、豐子愷等人戰時的漫畫作品，內容可算最爲豐富。

　　日本侵略漫畫圖像來源主要參考日本國會圖書館、國立公文圖書館、奈

---

〔註 16〕 齊紅深，《日本侵華教育史》（北京：人民教育出版社），2002。

〔註 17〕 齊紅深編著，《見證日本侵華殖民教育》（遼寧：遼海出版社），2005/06。

〔註 18〕 齊紅深，《日本對華教育侵略》（北京：昆侖出版社），2005/07。

〔註 19〕 易士・哈茨（Louis Hartz）著，張敏謙譯，《美國的自由主義傳統》（北京·中
國社會科學出版社），2003。

〔註 20〕 李其榮，《美國文化解讀——美國文化的多樣性》（濟南：濟南出版社，2005/05）。

〔註 21〕 中國革命博物館編，《抗日戰爭時期宣傳畫》（北京：文物出版社），1990 年。

〔註 22〕 森哲郎（日）著，於欽德、鮑文雄譯，《中國抗日漫畫史》（濟南：山東畫報
出版社），1999 年。

良線圖書館網站、亞洲歷史資料中心等官方網站，連結許多二戰期間有關日本戰爭宣傳歷史的介紹與圖檔參考，另有介紹著名漫畫家漫畫作品的相關網站，如小野寺秋風（1895～1978）、荒井一壽（生平不詳）、松山文雄（1902～1982）及矢部靜水（生平不詳）……等等。除此之外，中國學者編輯整理的《民國漫畫期刊集粹》，匯集了 15 份民國以後的漫畫期刊，除了中國抗戰時期的期刊外，還完整的收集到日偽時期日本與漢奸在華出版的漫畫雜誌《北京漫畫》與《中華漫畫》，有詳盡的侵略漫畫的圖檔資料。

美國反擊漫畫圖像收集，連載漫畫圖像主要取自美國 DC 公司和 Marvel 公司官方網站中的專屬漫畫圖庫；社論漫畫有許多來自 Richard H. Minear 所著作的《Dr. Seuss goes to war : the World War II editorial cartoons of Theodor Seuss Geisel》，內容介紹美國知名政治漫畫家 Dr. Seuss 於二戰期間所創作具有犀利批判風格的社論漫畫共 200 多件圖檔，另有利用網路關鍵字搜尋到設有政治社論漫畫圖庫的國會圖書館（Library of Congress）以及艾森豪威爾圖書館（The Dwight D. Eisenhower Library）網站；海報宣傳漫畫圖檔同樣來自數所學校圖書館網站提供的圖檔資訊，另外，Anthony Richard Ewart Rhodes 的著作《Propaganda: The Art of Persuasion : World War II》，介紹二戰期間許多國家利用藝術與漫畫做為宣傳工具的意義和功用，其中包括美國與日本國家，除了詳細文字內容，也提供許多代表性圖檔作品。

# 第六節　前人研究成果

台灣學術界針對漫畫相關題目的研究，目前就國家圖書館收藏論文、期刊文獻的查詢，各自皆達 300 篇之多，而且幾乎有四分之三的數量都是近十年來陸續發表的成果，可見有越來越多學者對漫畫的研究深感興趣。然而，相關的研究方向十分多元，主要還是偏重於近代漫畫針對設計造型、教育學習、媒體傳播、資訊應用、經濟消費、宗教信仰……等等領域進行研究。就社會史學領域卻鮮少有人去追溯漫畫發展對過去歷史的影響，更何況有關於結合戰爭與漫畫的專題研究。慶幸的是，筆者還是找到了幾篇具有學術價值且與自己研究題目相關聯的論文與著作，包括有早期日本漫畫家森哲郎所編著《中國抗日漫畫史──中國漫畫家十五年的抗日鬥爭歷程》、祝均宙的研究著作《圖鑑百年文獻──晚清民國年間畫報源流特點探究》、陳洤中的論文《戰爭與文宣：以中國抗戰時期的話劇、音樂及漫畫為例（1937～1945）》、陳仲

偉的論文《日本漫畫 400 年：大眾文化的興起與轉變》以及日本漫畫評論家石子順的研究著作《日本の侵略、中国の抵抗──漫画に見る日中战争时代》等，這些重要的前人研究成果各有不同的參考價值，筆者希望透過他們的資料來補充筆者研究的不足，更希望能有所突破，爲本論文奠定重要基礎。

　　日人森哲郎（1928～2008）所編著《中國抗日漫畫史──中國漫畫家十五年的抗日鬥爭歷程》，可算是最早講述中國漫畫家抗日歷程的重要書籍之一，出乎意料的是，這本書的作者是位日本漫畫家，他運用藝術家特有的敏銳以及反對軍國主義的思維，藉由漫畫創作與文章寫作，力求將一個眞實的中國呈現給日本民眾，以消除某些日人對中國的偏見。爲了完成《中國抗日漫畫史》這本著作，1990 年代初，森哲郎來到中國旅居 3 年半期間，拜訪多位曾經歷中日戰爭的知名漫畫家，收集了大量豐富的歷史資料，回國後隨即著手編著。這本書有系統且詳盡地呈現了抗戰時期中國抗日漫畫的戰鬥歷程以及各地的漫畫筆戰，還有介紹 30 年代出版的漫畫刊物和多位傑出抗戰漫畫成員。同時，作者記錄了對廖冰兄、張仃、華君武等漫畫家的訪談錄，得到許多第一手資料並且分別介紹了豐子愷、魯迅等人的抗戰漫畫理論以及內中所收集的漫畫作品，內容多元豐富，具有極高的參考價值，幫助筆者在思索中國抗日漫畫的歷史走向，提供了來自不同角度的研究。

　　祝均宙的研究著作《圖鑑百年文獻──晚清民國年間畫報源流特點探究》，是一本有系統地介紹畫報源流從石印畫報向銅鋅版畫報、影寫凹版畫報的轉變過程，以及重點式的歸納出近現代期間出版的政治諷刺漫畫畫報和其他專題畫報的介紹，記錄下每一時代社會發展之歷史。所謂畫報是指採用手繪圖畫或攝影圖片記載人類社會的一種圖象文獻，並以圖文並茂的方式出版。就報刊史料來說，本書不僅文獻資料豐富，廣泛收集上海及附近沿海城市所出版的畫報，同時還對收錄報刊做列表簡目的介紹，爲筆者提供清晰的脈絡與掌握。尤其《政治諷刺的風向標──漫畫類畫報》的章節，更爲筆者提供研究指南，因爲內容從漫畫畫報的孕育期、萌芽期到繁榮期均依序提供詳細記載，甚至還附上大量原始刊物的封面圖片提供參考，最後，作者將抗敵漫畫與漢奸編輯的漫畫所作比較同樣使人印象深刻。受到漫畫畫報種類及內容風格的啓發，幫助筆者從救亡到抗戰漫畫的歷史發展中，能將畫報內戰爭漫畫內容的特性和類型作分類介紹。這本既詳細且豐富的第一手文獻資料著實提供不少助益。

　　陳逢申的論文《戰爭與文宣：以中國抗戰時期的話劇、音樂及漫畫爲例（1937～1945）》，內文主要環繞戰爭與文宣這兩個主題，探討宣傳戰對中國的意義，於是將焦點放在分析話劇、音樂及漫畫的宣傳強效，希望藉此理解戰時文化運動發展的過程與問題。同時作者爲凸顯戰爭長期化與政治力介入對文化投入戰爭宣傳的影響，極力蒐集散置於兩岸三地的第一手史料，包括官方原始檔案以及民間資料，其用心整理的成果爲相關研究的來源提供更多的便利性，同時也讓筆者思索政治力介入戰爭漫畫宣傳所帶來的影響。當中研究《從救亡到抗戰漫畫》的章節主要探討戰時漫畫運動的嶄新面貌，依時間及漫畫界組織發展順序，分別介紹從上海漫畫興起向武漢抗戰漫畫新格局再到重慶漫畫的多元呈現，運用豐富史料，介紹漫畫家如何團結組織宣傳團隊、如何進行抗戰宣傳、如何與國民政府合作抗敵等文化運動，並且針對漫畫家的部分作品進行歸納分類，說明抗戰題材的種類與特性。最後以豐子愷的漫畫爲例來闡釋其抗戰漫畫的通俗性，藉由其刻畫戰爭、敵人、漢奸、人性等議題說明漫畫與時代的密切關聯。以上有關作者研究戰時漫畫運動發展的部份，不僅幫助筆者釐清從救亡到抗戰漫畫的歷史背景，同時參考其列舉著名漫畫家豐子愷作爲研究對象來呼應該章節，筆者將該撰寫形式套用在介紹中美日三國戰爭漫畫章節之中，分別各舉出當時著名代表對象，包括中國抗戰漫畫家黃堯、日本殖民台灣所發行的《台灣日日新報》以及美國社論漫畫家蘇斯博士，利用他們所呈現不同面貌與目的，展現多元的思考格局。

　　陳仲偉的論文《日本漫畫400年：大眾文化的興起與轉變》，內文研究17世紀以來日本漫畫文化的發展與變遷，作者研究漫畫的動機是基於現代日本漫畫在台灣幾乎等同於漫畫的代名詞，認爲台灣漫畫誕生以來便一直深受日本漫畫的影響及啓發，有鑑於漫畫出版產業在台灣的數量比重與日俱增，作者希望站在社會學角度切入日本漫畫發展的研究，從其歷史結構性的問題出發，藉此探究漫畫如何成爲擁有龐大影響力的現代文化產業。作者的論文架構清晰分明，將400年漫畫歷史分爲江戶時代、明治至昭和二戰期間以及二戰之後三個重要時期，然後分別深入研究其大眾消費文化、西方漫畫傳入與戰爭因素、文化產業成長等對日本漫畫發展的影響。大量運用日文資料進行分析，幫助筆者更加認識日本漫畫的歷史背景，而論文中研究《糾葛在政治、日常生活與戰爭之中的漫畫》的章節裡，更與筆者研究戰爭漫畫主題深具貼切的關聯，其內容介紹有關西方諷刺漫畫傳入並對日本的影響，舊傳統漫畫

與新氣象之轉變促進漫畫家意識崛起，再到昭和戰爭時期被政府控管的漫畫發展。顯示西方諷刺漫畫的傳入明顯受到明治維新變革的影響，再加上民眾識字率的提升以及閱讀風氣的普及，使得以報紙雜誌為媒介的漫畫能夠飛躍性的成長，更促進漫畫職業團體的形成，帶動民主思潮的進步，直到昭和時期日本政府走向軍國主義，為了政治軍事目的，漫畫最終遭受國家控管，成為以戰爭為主題的漫畫。作者在文中提及相當多有關日本漫畫家組織協會的影響力，並探究漫畫家是為大眾服務或者為政府軍方利用等議題來顯示漫畫在當時的重要影響力，此一觀點引起筆者的關注並且加以吸收沿用至本篇論文之中。

日本漫畫評論家石子順的研究著作《日本の侵略、中国の抵抗──漫画に見る日中战争时代》，作者一開始根據戰爭時期日中漫畫的遭遇背景深入剖析，雙方創作漫畫的緣由與特色，緊接著切入《中國漫畫的興亡與戰爭》，一開場就介紹文豪魯迅（1881～1936）對中國漫畫的貢獻，自 10 年代至 1936 年間，他每年都會從海外購入漫畫集與諷刺畫集然後進行翻譯，同時也會撰寫文章表述他對漫畫的觀點和看法，為中國上海漫畫界注入一股新氣象，甚至影響到後來推行救亡圖存的漫畫運動。然後，作者再分別依據《中國的漫畫家描繪日本侵略漫畫》與《日本的漫畫家描繪日中戰爭漫畫》作為該本著作的主軸，自 20 年代末至 40 年代初，列舉當時許多著名漫畫家以及各列舉一件有關戰爭時事的漫畫作品作深入介紹，包括有中國代表的但杜宇（1897～1972）、黃文農（？～1934）、魯少飛（1903～1995）、張諤（1910～1915）、廖冰兄（1915～2006）、丁聰（1916～2009）、蔡若虹（1910～2002）、豐子愷（1898～1975）、葉淺予（1907～1995）……等等多達 25 位漫畫家的作品介紹；而日本代表則有細木原青起（1885～1958）、柳瀨正夢（1900～1945）、田河水泡（1899～1989）、北澤樂天（1876～1955）、安本亮一（1901～50）、杉浦幸雄（1911～2004）、橫山隆一（1909～2001）……等等達 20 位漫畫家的作品介紹。作者在這本書中不只限於中日戰爭時期的漫畫介紹，接續在後的尚有戰後時期，中日漫畫家描繪中國共和黨誕生的諷刺漫畫以及現代日本漫畫中出現過去日中漫畫的內容探討，全部都以漫畫作品作為研究對象，為筆者提供相當多的圖像資料與參考。

蔡綺的《從戰爭海報看海報的戰爭：二次世界大戰美國宣傳海報研究》是台灣極少數研究美國戰爭宣傳海報的著作之一，內容將美國宣傳海報發展

與運作機制、主題分類、設計策略與表現以及海報符號結構、運作與意象等內容井然有序地作整理介紹，幫助筆者充分認識美國於戰爭時期的宣傳概念與視覺傳達之意義，更能拿來與中國和日本的戰爭漫畫作比對研究。該論文中所提供的海報作品其中不乏有許多是以漫畫形式展現宣傳訴求，顯示對美國而言，反擊漫畫的題材不僅有民間企業付出心力的成果，就連政府也同樣重視並加以廣泛的運用，成為筆者研究美國反擊漫畫極重要的參考來源。

　　根據上述前人的研究成果，加上現存的其他相關資料，大力幫助並提供本論文探討中日美國家的戰爭漫畫宣傳背景及影響，並利用現有的漫畫圖檔資料，建立各國於戰爭期間運用漫畫做為宣傳手段的多元面貌及分析其中異同之處，主要目的便是希望能凸顯漫畫宣傳在戰場上的獨特表現，從中為大眾漫畫發展找到不同時代的存在意義與價值。

# 第二章　中國民族主義的抗戰漫畫宣傳

## 第一節　抗戰漫畫發展之動向

　　自民國 26 年 7 月 7 日（1937）爆發盧溝橋事變（又稱七七事變）後，直至民國 34 年（1945）日本投降，世人稱之為第二次中日戰爭，亦是民國政府所謂的八年抗戰，此一時期，中國軍、民出現相當多的抗日題材，但早在民國 20 年（1931）日本策動九一八事變（又稱柳條湖事變）已經染指東北，其後在日軍有計畫的進逼下，更陸續爆發嚴重的軍事衝突，這對漫畫宣傳刊物的蓬勃發展起了某種程度的影響。因此想要探討抗日漫畫的發展背景，筆者認為應延伸至九一八事變，直至民國 34 年（1945）日本投降為止，從這期間可窺探漫畫家如何運用漫畫宣傳來傳達愛國精神並且批判敵方暴行；為了更清楚表達，將在此節內容中劃分成兩個階段，前階段為九一八事變至七七事變的救亡圖存階段，後階段則為七七事變之後至抗戰勝利的全面抗戰階段。

　　筆者擬從這兩個階段中分別根據漫畫宣傳重要據點描述其救亡與抗戰漫畫宣傳發展背景與動向，以及如何以漫畫宣傳管道為全面抗日戰爭前後時期加強愛國精神與民族意識宣傳作一詳細整理。

## 一、愛國救亡圖存的漫畫宣傳

民國 20 年（1931），日本關東軍以瀋陽附近柳條湖的南滿鐵路遭到破壞為藉口，向駐紮瀋陽的中國東北軍發動攻擊，此為九一八事變的開端，日軍以強大的軍力進攻中國短短兩個月時間便佔領了中國東三省主要城市，引起全國一片沸騰，更激起無數愛國人士為抗日鬥爭付出心血和生命，其中包括一群從事文藝創作的青年知識份子，身在都會地區的他們紛紛以所處之地作為抗日根據地，不論身為作家、畫家、音樂家或者戲劇演員各有專長，卻都用自己的方式投入支援抗戰的決心。

尤其當時的上海一直被視為促進中國文化知識蓬勃發展的發祥地，主要受到公共租借的特殊地理條件以及經濟穩定發展等因素影響，有利於通俗文化的傳播，吸引許多知識分子紛紛集中於此地，就連著名學者魯迅於民國 16 年 10 月（1927）由廣州搬來上海定居，民國 19 年（1930）與其他文學家在上海成立了「中國左翼作家聯盟」、「中國左翼美術家聯盟」等左翼藝文團體，為上海增添更多的文藝氣息。〔註1〕九一八事變之後，身在上海的文藝分子不滿日本侵略東北，決定靠著一己之力，在自己專業領域從事宣傳創作，並藉由出版社、電台……等管道將宣傳理念推廣出去，讓世人知道並關心中國當時所面對的困境與遭遇，其中的漫畫家們也同樣付出了許多心力。

這時候的漫畫界大家齊心團結創作大量的救亡漫畫為宣傳題材，並通過雜誌、報紙以及宣傳單等作為發行管道，甚至發行至周圍的大都市如南京、漢口、廣州、香港等地區，可算是上海漫畫期刊出版的鼎盛時期。在中國遭遇戰亂動盪不安的 1930 年代，報刊是刊載救亡漫畫宣傳作品的大宗，曾經在報紙上沒落的諷刺漫畫再次活躍於主流報紙副刊中，甚至許多報紙已直接使用「漫畫」命名副刊，藉此吸引民眾們的目光；雜誌方面，光是上海地區從民國 21 年（1932）至民國 26 年 5 月（1937），五年多時間內創刊 20 多種漫畫刊物，平均每年刊登 4 至 5 種以上刊物（參附錄表 12、13）。其中又以《時代漫畫》月刊〔註2〕（圖 2-1）、《漫畫界》月刊〔註3〕（圖

---

〔註 1〕 黃可，〈上海漫畫家投身抗日烽火——中國漫畫發祥地上海的老漫畫之四〉，《藝術講談》，2008.06.10，上海文藝網站 http://wy.eastday.com/renda/shwl/node4174/u1a1510937.html。

〔註 2〕 魯少飛主編，《時代漫畫》（上海：時代圖書公司），1934//01～1937/06，共 39 期。

〔註 3〕 王敦慶、曹涵美編輯，《漫畫界》（上海漫畫建設出版社），1936/04～11，共 8 期。

2-2）、《漫畫生活》月刊〔註4〕（圖2-3）、《漫畫和生活》月刊〔註5〕（圖2-4）
為這時期具代表性的標竿雜誌。這時候的雜誌內容十分多元，刊載有漫畫、
小說、散文、隨筆、雜文、論文等偏屬於綜合性的文藝雜誌，特色多半呈現
於反映社會現實生活層面，漫畫內容也出現許多風俗民情、都會風情、娛樂
活動甚至人物主題等等主題，由於戰爭尚未全面展開，有關救亡抗日的漫畫
宣傳大都以政治時事諷刺漫畫形式散佈並安插在這些雜誌當中，直到越接近
全面抗戰時期，漫畫家感受到日本擴大侵略的野心，便在雜誌中刊載更多以
抗日漫畫宣傳為主題的內容，實為提出愛國精神與民族意識的宣傳做足充實
的準備。舉例來說，《漫畫生活》創刊號的封面漫畫（圖2-3），作者黃士英描
繪一個瘦骨如柴的人伸出無力的雙手指向天空，並且仰天咆嘯，暗諷因戰亂
而對國家經濟拮据、百姓生活匱乏感到無奈，十分貼近對現實生活的訴求，
也突顯出漫畫家們對當時現實社會的不滿和憤慨。後來，隨著戰爭的擴大，
黃士英再次運用雷同的圖像於《漫畫與生活》第三期封面漫畫當中（圖2-4），
中央人物同樣舉其握拳的雙手，不過這次人物的表情卻顯得士氣磅礴，與圍
繞他的人們相呼應，大家一同怒吼吶喊著對日本軍閥暴行的不滿，可以想見
作者的用意肯定是為宣傳全國抗日救亡運動並宣導愛國主義思想。

　　除了靜態的出版管道，民國25年11月4日至8日（1936），漫畫家更
展現了團結的力量，在上海大新公司四樓展覽廳盛大舉行中國漫畫史上「第
一屆全國漫畫展覽會」，這個以抗日為主題的展覽活動，展出多達七百餘件
的作品呈現於世人面前，後來又陸續移至南京、鎮江、蘇州、無錫、嘉興
等地區作巡迴展覽，廣泛地進行了抗日救亡的宣傳活動。〔註6〕這些參與展
覽的漫畫家後來紛紛加入了民國26年（1937）春所成立的「中華全國漫畫
作家協會」，在當時這個協會成為了團結全國漫畫界的核心機構，直到同年
日本發動淞滬會戰並佔領上海，這些抗戰漫畫家成員只得選擇逃亡，或是
隨著國民政府的遷移，陸續轉移至武漢與重慶內陸，繼續為抗戰執行漫畫
宣傳的工作。

〔註4〕黃士英等編，《漫畫生活》（上海美術生活雜誌社），1934/09～1935/09，共13期。
〔註5〕黃士英等編，《漫畫和生活》（上海美術生活雜誌社），1935/11～1936/02，共4期。
〔註6〕凌承緯、張懷玲，〈抗戰時期的漫畫宣傳隊〉，《中國美術館》（北京：中國美術出版總社），第12期，2011/12，頁89。

圖 2-1　《時代漫畫》封面

張仃，1937/04，第 37 期，時代圖書公司出版。

圖 2-2　《漫畫界》封面

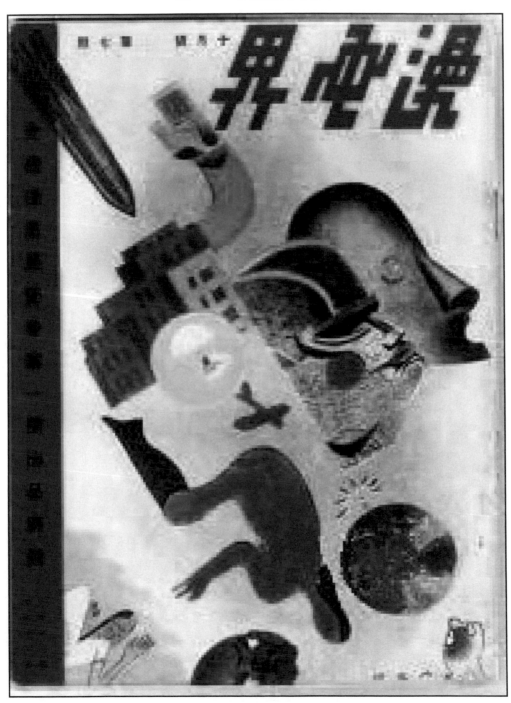

張光宇，1936/11，第 7 期，上海漫畫建設社出版。

### 圖 2-3 《漫畫生活》創刊期封面

黃士英，1934/9 月，上海美術生活雜誌社出版。

圖 2-4　《漫畫和生活》第三期封面

黃士英，1936/01，上海漫畫和生活雜誌社出版。

## 二、誓死全面抗戰的漫畫宣傳

民國 26 年 7 月 7 日（1937），七七事變爆發，日本方面則決定以武力將中國政府排除出華北，於是日軍挑起全面侵華戰爭，從此揭開了中國人民全面抗戰的序幕。南京國民政府為決心維護中國在華北的全部主權，一反過去妥協姿態，決定支持全面抗日行動，其主要關鍵在於先前發生的西安事件，民國 25年 12 月（1936）張學良與楊虎城苦諫蔣介石要求停止剿共，一致抗日遭拒絕後，張、楊遂決定發動兵變，活捉蔣介石，蔣只得被迫放棄「攘外安內」的基本國策因而獲得釋放，並開始加速進行抗戰的政治、軍事、經濟、社會等準備工作，同時與共產黨達成了抗日民族統一戰線協定。不久，國民政府成立了大本營作為軍事上的最高統帥機構，中國自此進入戰時體制。而中國國民黨和中國共產黨同時達成協議合作抗日之時，國民政府不僅承認中共的合法地位並對紅軍進行改編為國民革命軍第八路軍，同年年底，南方的紅軍遊擊隊則改編為陸軍新編第四軍。由於國民政府與軍隊決定對日抗戰的行動終於體現，讓中國全體民眾無不掀起一股希望，更加積極投入全面抗戰的支持。

進入到中國全面抗戰時期，日本不斷地強奪使得國民政府只得被迫遷移至內陸，這時期抗戰漫畫宣傳的重地也隨政府遷徙從上海延伸至武漢、重慶等地方，而當時的上海地區，雖然八一三事變（又稱淞滬會戰）之後歷經三個多月的中日會戰最終仍淪陷成為孤島，但是戰亂期間，還是可以見到零星的漫畫期刊持續在上海發行，其中的《救亡漫畫》〔註7〕便創刊於上海，由當時的上海漫畫界救亡協會負責出版，原本依附在《救亡日報》的副刊中，後來觀眾反應極佳，振奮人心，不久便以五日刊形式獨立發行，每期可容納 40至 50 幅作品。《救亡漫畫》可算是抗戰時期第一份全面以「抗敵」作為主題的漫畫專刊雜誌，這份率先創辦的抗戰漫畫讀物內容全都是圍繞著民族國家奮起抗戰的作品，極富於思想性和戰鬥性的特色。例如作為期刊封面的〈全民抗戰的巨浪〉（圖 2-5），作者蔡若虹描繪右上方一群人正在嘶吼吶喊表現中華全民族團結抗戰有如浪潮席捲而來，將惶恐掙扎的日軍侵略者陷入浪潮的漩渦中不能脫身，暗喻其失敗的末日將到來；葉淺予的〈日本近衛首相剖腹之期不遠矣〉（圖 2-6），則運用諷刺手法描繪當時的日本近衛首相用刀剖腹自殺的情景，預設日本帝國入侵中國必遭滅亡的命運。這些漫畫家們期許能透過救亡抗敵的漫

---

〔註7〕 王敦慶主編，《救亡漫畫》（上海漫畫界救亡協會），1937/09～1937/12，共 12期。

畫宣傳作品鼓動廣大民眾的抗日鬥志，並且揭露和抨擊日本帝國主義的侵華陰謀及種種罪惡。王敦慶在《救亡漫畫》創刊號寫了一篇〈漫畫戰〉一文，就曾表示「今天《救亡漫畫》的誕生，卻是我們主力的漫畫戰的發動。因為上海是中國漫畫藝術的策源地，而這小小的五日刊又是留守上海的漫畫鬥士的營壘，還不說全國幾百個漫畫同志今後的增援，以爭取抗敵救亡最後勝利。」〔註8〕字字句句均強烈表明漫畫家誓死抗敵以爭取勝利的決心。

　　可惜的是《救亡漫畫》出版到第12期，因為戰爭形勢急轉直下，只得被迫休刊，一度堅守在上海租界的漫畫家們也因為日軍全面攻佔上海而失去了抗敵的自由，於是他們磋商決定赴外地繼續戰鬥，隨即登上火車，離開了上海市井生活，開始八年時間顛沛流離的抗戰之路。其中大批漫畫家跟隨國軍政府撤退至內陸，來到武漢、重慶地區，雖然戰場上中國一直節節敗退，但抗戰漫畫宣傳活動擴及的區域卻要比救亡時期還要來的遼闊，從最初沿海一帶的宣傳地區不斷深入來到中國內陸，並且以武漢、重慶為核心向四面八方延伸宣傳領域，團結勢力也在這時候更為凝聚，轉移陣地的漫畫家們也更加積極創辦許多以「抗戰」為標題的報刊與雜誌，有將近20多種抗戰雜誌（參附錄表14、15），見證了抗戰漫畫宣傳的團結合一與愛國精神。其中在湖北漢口創刊的《抗戰漫畫》半月刊〔註9〕，它是當時抗日民族統一戰線下的唯一一份全國性的刊物，〔註10〕由於這些漫畫成員也都曾在《救亡漫畫》刊物中陸續貢獻許多抗戰漫畫作品，由此可將《抗戰漫畫》視為《救亡漫畫》的延續，負起抗戰漫畫宣傳重責大任。《抗戰漫畫》中的作品主題鮮明、一針見血，且刺激性強，具有良好宣傳效果，其內容方面充滿著無數篇救國圖像，宣洩愛國情緒，主要宣傳全國人民誓死保衛抗戰的決心以及反日浪潮與日寇侵略中國的罪行，如同該創刊期封面葉淺予的〈作戰軍人〉（圖2-7），利用簡單黑白分明的剪影形象塑造出頭戴鋼盔、眼神炯炯有力，準備奉獻犧牲的軍人樣貌；以及張樂平的〈候敵深入，一鼓殲滅〉（圖 2-8）表現粗壯有力的大手，用力握拳捏斃塗有日本國旗符號的小蜘蛛，暗示著一切的掌握來自於全國人民團結一致的抗戰決心。另外，《抗戰漫畫》也十分注重對各地漫畫動態的報

〔註8〕　王敦慶，〈漫畫戰──代創刊詞〉，《救亡漫畫》（上海漫畫界救亡協會出版），創刊號，1937/09/20。

〔註9〕　葉淺予主編，《抗戰漫畫》（漫畫宣傳隊出版，1938/01～1938/06），共 12 期。

〔註10〕劉建新，〈抗戰中，漫畫家的心是火熱的!〉，《新聞與寫作》（北京：北京日報社），第八期，2005 年。

導，試圖讓全國的漫畫家相互聯繫，一致對外抗日，實有鼓舞漫畫界抗日救亡運動的效果。《抗戰漫畫》在武漢出版 12 期後，直到武漢失守而暫停停刊，隨著上海漫畫界救亡協會來到重慶，該刊物又出版了 3 期，終因經費困境等因素不得不停止出刊。這本在極其特殊的形勢下出版的刊物記錄及反映了漫畫戰士及全民抗戰的鬥爭精神，可視爲中國漫畫史上一本珍貴的史冊。

圖 2-5 〈全民抗戰的巨浪〉

蔡若虹，《救亡漫畫》創刊號封面，1937/09/20，上海漫畫界救亡協會

圖 2-6　〈日本近衛首相剖腹之期不遠矣〉

葉淺予，《救亡漫畫》第二期，1937/10/20，上海漫畫界救亡協會。

圖 2-7　〈作戰軍人〉　　　　　圖 2-8　〈候敵深入，一鼓殲滅〉

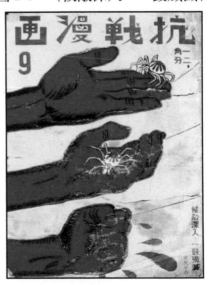

葉淺予，《抗戰漫畫》創刊號封面，
1938/01/01，漫畫宣傳隊出版。

張樂平，《抗戰漫畫》第 9 期封面，
1938/09/01，漫畫宣傳隊出版。

同樣在全面抗戰時期，抗戰漫畫宣傳作品除了透過雜誌與報紙刊物展現於世人面前，還有一種以抗戰漫畫展覽活動作為宣傳管道，抗戰時期，當漫畫家跟隨政府流亡過程中，難以攜帶印刷工具沿途製作刊物，僅能依靠簡便筆紙工具，在顛沛流離的路上，隨時記錄沿途所見悽慘畫面或是創作控訴日軍暴行的一切，為了讓自己所創作的抗戰作品得以展示於民眾面前，貼近民眾生活當中，其最快、最迅速的方式就是利用展覽活動，讓老百姓直接認知到日本軍隊侵略對中國的威脅。抗戰期間，最早舉辦展覽活動的是由「救亡漫畫宣傳隊」在民國26年9月18日（1937）這天於南京新街口大華戲院舉辦的「抗敵漫畫展覽會」，連續五天不收費的展覽，吸引了上萬人共襄盛舉，其實這也是承接了1936年在上海舉辦的「第一屆全國漫畫展覽會」之模式。為了擴大宣傳，「抗敵漫畫展覽會」更在南京各地做巡迴展覽，前後長達一個多月，讓市民留下深刻印象。漫畫家刻意將漫畫作品描繪在大幅布面，主要是為了吸引民眾目光，而漫畫內容全都以抗敵救亡作為主題，包括動員全民抗戰、歌頌抗日英雄、揭露日寇暴行……等等多元題材，令人感到震撼。由於南京這場「抗敵漫畫展覽會」活動宣傳強調日本必敗、中國必勝的決心，受到民眾空前的支持與歡迎，從此奠定了模範與基礎，之後內陸各地區的漫畫家與協會皆如法泡製，陸續舉辦類似的抗戰漫畫展覽活動。

尤其40年代前後抗日的後期，在戰亂環境、政治糾葛、經濟蕭條等困難的條件因素下，漫畫家面臨經費不足、印刷資源缺乏，刊物發行已無法正常運作，導致許多雜誌書報陸續停刊，這時候抗戰漫畫的主力團隊，不論是軍方的漫畫宣傳隊、抗日藝術隊、政府宣傳機關，以及私人團體的各界抗敵後援會、藝術工作隊、文化團體……等等，只能不斷地尋求曝光漫畫宣傳的管道，新增更多的展覽活動，通過大量舉辦漫畫展覽活動以揭露戰爭的黑暗現實，試圖道出受到迫害群眾的心聲（圖2-9、2-10）。抗戰漫畫展覽大多採取室內、戶外流動式或定點等方式舉辦活動，甚至進行全國性巡迴展，將漫畫宣傳內容大量繪製於壁畫、海報、版畫、招貼甚至大布畫上，直接展示於街頭上，與民眾直接面對面，為的是要促進漫畫作品曝光的宣傳機會，藉此激發每位民眾的愛國意識。另外，也有漫畫家改採聯合展出方式，舉辦無數場漫畫聯展。這種大型的漫畫展覽活動如雨後春筍般陸續展演，不定期到處展出宣傳，獲得成效相當理想，成為了這一時期抗戰漫畫宣傳一大特色。光是重慶地區舉辦展覽不下超過30次（參附錄表16），許多類型的展覽活動皆以重慶為中心仍持續向中國四方巡迴舉行。民國34年3月15日

至 20 日（1945），由張光宇、葉淺予、丁聰、沈同衡、特偉、張文元、餘所亞、廖冰兄等 8 人於重慶所舉辦的「八人漫畫聯展」，共展出作品 300 餘幅漫畫作品，堪稱抗戰時期規模最大的展覽活動。

圖 2-9　〈有敵無我，有我無敵〉

1938 年 1 月 28 日，徐州會戰爆發。這是當時畫在徐州市區一面牆上的抗日漫畫，題爲〈有敵無我，有我無敵〉。

圖 2-10　「抗日漫畫街頭展」

1938 年，漫畫宣傳隊在廣州舉辦「抗日漫畫街頭展」。

## 第二節　抗日漫畫宣傳的推行助力

　　面對日軍無情的侵略暴行，中國不分軍民全都團結一致對日抗戰，全靠堅強的中國民族意識的堅強與愛國精神，能夠於戰亂中極力地推廣這等信念給予各地所有百姓，地方上的團結的漫畫家們與國民政府的宣傳部門都是不可或缺的功勞者。沒有他們積極推行宣傳活動，不論救亡或是抗戰漫畫宣傳都將無法達到鼓舞群眾一致抗日的效果。

### 一、熱血愛國的救亡漫畫宣傳隊

　　九一八事變以後，激起民間一群文藝界知識份子在採取抗日救亡圖存的運動中，紛紛成立救亡協會團體，主張以貼近大眾化的新藝術表現作為推廣文藝宣傳的手法例如戲劇、音樂及漫畫等等，同時強調宣傳內容必須具備愛國情操與民族精神的救亡抗日決心，如此之舉深受社會民眾的青睞並獲得很大的迴響。由於這些團體組織大部分都是社會各界有志一同的知識份子甚至學生們自願投入救亡宣傳的行列，可見來自地方上的抗日文化宣傳活動早在中日全面戰爭前就已如火如荼的展開，為文化宣傳戰揭開歷史的里程碑，其中也包括了推廣救亡抗日的漫畫宣傳團隊，根據救亡漫畫宣傳刊物的發展局勢來看，可以瞭解到全面抗日作戰以前，積極傳遞抗日愛國精神的漫畫宣傳對象，多半來自地方上從事漫畫創作的漫畫家之投入以及民間出版機構的運作。

　　有關推廣漫畫宣傳運動，最早於民國 26 年（1937）春上海漫畫界首先成立了「中華全國漫畫作家協會」的社團，以「團結全體漫畫家、共同推進漫畫藝術，使漫畫成為社會教育工具」為其宗旨〔註 11〕，奠定了漫畫家在日後抗戰時期的目標與責任。爾後，淞滬會戰爆發之初，「中華全國漫畫作家協會」為適應抗日鬥爭的需要，於 1937 年 8 月 14 日另外組織了「上海漫畫界救亡協會」，這個協會不僅創刊了《救亡漫畫》重要刊物，創作與發表大量抗日救亡的漫畫作品，同時召集有志一同的漫畫家組成「救亡漫畫宣傳隊」，專門從事抗日救亡漫畫宣傳工作，其重要組織成員包括領隊葉淺予，以及隊員有胡考、張樂平、特偉、席與群、陶今也與梁白波等共七人，直到八一三事變爆發之後，他們肩負抗戰宣傳使命與職責，搭乘火車西行來到武漢，為了讓地方民眾瞭解日軍的暴行以及對日抗戰的重要性，「救亡漫畫宣傳隊」決定採取

---

〔註 11〕鄭工，《演進與運動——中國美術的現代化（1875～1976）》（大陸：中國藝術研究院），2000 年，頁 196。

遊擊方式，分別派遣漫畫家前往江蘇、浙江、安徽、江西、湖北、廣西等諸省開始進行內地抗戰漫畫宣傳活動，當時黃茅曾歸納該宣傳隊的任務是：（一）、分途使各地民眾明瞭抗戰救亡的作用；（二）、鼓動前線將士殺敵情緒；（三）、喚起並組織各地漫畫界負起同樣使命。〔註12〕

　　不只是推行宣傳工作，「救亡漫畫宣傳隊」還以上海「中華全國漫畫作家協會」的名義在許多都市紛紛設立直屬分會，分別於民國 26 年 9 月 18 日（1937），廣州成立了「華南漫畫救亡協會」；民國 27 年 1 月（1938），西安成立「中華全國漫畫作家協會西安分會」；民國 28 年（1939），香港成立「中華全國漫畫作家協會香港分會」；以及「中華全國漫畫作家協會蘭溪分會」；另外，其他地方上的組織尚有民國 26 年 8 月（1937），成都成立的「四川漫畫社」⋯⋯等等。「救亡漫畫宣傳隊」成員在這些地區協助當地協會召開會議、舉辦展覽、編輯畫報刊物等等多項宣傳工作，成為了地方上抗戰漫畫宣傳活動的推動主力。〔註13〕

　　「中華全國漫畫作家協會」來到武漢以後，民國 27 年 2 月（1938）另改組成立了地方上「中華全國漫畫作家協會戰時工作委員會」制定並發表了《全國漫畫作家協會戰時工作大綱》〔註14〕，號召漫畫家凡事親力親為，利用一切形式進行抗日救亡的宣傳，該漫畫協會委員除了「救亡漫畫宣傳隊」成員葉淺予、魯少飛、宣文傑、梁白波、張樂平、江敉、陸志庠、胡考之外，新加入了張光宇、賴少其、張仃、高龍生、黃苗子、陶謀基、張文元等共有十五位成員。〔註15〕後來，中國又於武漢地區同日本展開激烈會戰，歷經 4 個半月最後武漢失守，國軍只得撤退至重慶，這些漫畫界人士也跟隨匯集該處，在國民政府的協助下，於民國 28 年 5 月（1939）將「全國漫畫作家協會戰時

〔註12〕凌承緯、張懷玲，〈抗戰時期的漫畫宣傳隊〉，《中國美術館》（北京：中國美術出版總社），第 12 期，2011/12，頁 87～92。

〔註13〕中國美術館，《1900～1948 年中國美術大事記》，2005/07。http://www.namoc.org/

〔註14〕漫畫宣傳隊編輯，〈全國漫畫作家協會戰時工作大綱〉，《抗戰漫畫》，第 4 號，漢口：全國漫畫作家協會，1938/02。大綱明確規定戰時漫畫工作項目有：1.為當地報紙刊物作稿。2.製作巨幅宣傳畫，懸掛於重點地點。3.舉辦抗敵漫畫展覽會。4.舉行抗敵漫畫遊行會。5.編製壁畫。6.、出版小型石印或木刻刊物。7.利用現有材料，如油漆廣告牌、貨物包紮紙、房屋牆壁、西洋鏡畫片、門神、月份排、商標等，繪製抗敵圖畫。8、參加當地後援會，民眾教育、政治軍事宣傳機關工作。

〔註15〕西丁主編，《美術辭林——漫畫藝術卷》（大陸西安：陝西人民美術出版社），2000。

工作委員會」改名爲「中華全國漫畫作家抗敵協會」，成立了重慶分會以及民國 29 年（1940）底的桂林分會，培育更多活躍於抗戰宣傳工作的年輕漫畫家。這些漫畫宣傳隊成員一直對地方上的抗戰宣傳工作付出很多心血，他們不停歇地努力創作漫畫、推行宣傳活動、傳遞救亡抗日理念，可算是漫畫界中爲國家爲百姓奉獻救國的最佳功臣。

## 二、率領抗戰的國民政府宣傳部門

國民政府早在對日抗戰前已經顯現出對宣傳工作的重視，除了設置中央宣傳部，也在全國最高的軍事領導機構軍事委員會之中，設有政治訓練部宣傳處，直接受中央宣傳部指導。然而全面抗戰前，國民政府針對文藝宣傳重點，基於官方考量，加上這時候的國民政府在安內攘外的政策下，重心放在剿共爲首要任務，宣傳工作始終以三民主義思想做爲文化事業推廣的主軸，並以輔助民眾運動之發展以謀國民革命軍與一般民眾之結合爲目標，反而未積極地推行反日意識的宣傳政策。

直到全面抗戰之初，中國國民黨與共產黨兩黨的關係走入合作共同抗日階段，促使國共兩黨之間長達 10 年之內戰對立暫時得到調停，國民政府也開始積極投入對日抗戰的文藝宣傳活動，透過軍事委員會政訓處的宣傳部門，發行了相當多的抗戰漫畫宣傳單與海報，希望以熱血激昂的圖畫激發起民眾誓死保衛國家的愛國心，讓民眾一起面對抵抗日軍侵略中國的暴行。國共合作以後，爲了統合民族文藝宣傳力量，強調集中人才並專責抗戰文宣爲原則，民國 27 年（1938）初，國民政府改組軍事委員會，設置了「政治部」，其轄下的「第三廳」由郭沫若任職廳長，同樣負責掌管宣傳工作，積極抗日宣傳活動，其工作任務包括一般宣傳工作、藝術宣傳工作以及對敵宣傳工作等三部分〔註16〕。隨著國民政府遷徙武漢、陪都重慶時，所有物資全部聚集於此，這裡成爲了漫畫家們匯集的地點，也是大家集中力量共同支持抗戰的開始，漫畫家無不團結力量以對日抗戰作爲號召積極宣傳。爲了傳遞愛國救國的使命，這些抗日情緒高昂的青年漫畫家份子拋下個人理念、不分你我的加入了政府單位的宣傳機關，國民政府也開始意識到大眾化的文化運動對凝聚人民

---

〔註16〕周韜、李彩素，〈論中國共產黨與抗戰時期的國民政府政治部第三廳〉，《湖南科技大學學報——社會科學版》（大陸：湖南科技大學，2010/03），第 13 卷第 2 期，頁 132。

團結共同對日抗戰具有一定的作用，包括戲劇、音樂與漫畫，進而投入這一領域的推廣活動並且擴大宣傳機制。例如民國 27 年 6 月（1938），漫畫宣傳隊收集 40 餘幅抗戰漫畫的作品，便是在政府軍事委員會政治部第三廳的促成下送至莫斯科，參與由蘇聯主辦的「中國抗戰漫畫展」展覽，讓中國漫畫第一次走上國際漫畫舞臺。〔註 17〕漫畫內容的主題以揭露日本侵略戰爭的本質為目標，不僅對激發民眾抗日情緒的貢獻甚大，更透過漫畫展覽將日軍侵害中國的暴行傳播至國際間，備受矚目，可以想見當時國民政府對抗戰宣傳工作的推廣具有深遠的影響力。

　　政府軍事委員會政治部的第三廳文宣機構可說是國共合作下的重要文化戰線，並在積極宣傳抗日以及推行大眾化文化運動上有其絕對的貢獻，但由於人事佈局在政治部副部長周恩來的有心部署之下，其大權操縱在左派人員手中，逐漸被中共控制。其目的除了一致對外宣傳抗日，主要是想藉由第三廳合法機關從事地下黨務工作，並擴展組織勢力。國民政府為了防範並阻止中共繼續利用中央機構擴張勢力，對第三廳組織開始展開限制與改組計畫，並於民國 29 年 9 月（1940），決定裁撤第三廳。加上國共之間於民國 30 年 1 月（1941）發生了新四軍事件（皖南事變）衝突，讓國共合作組成的抗日民族統一戰線徹底嚴重破壞。

　　雖然，國民政府為防範共產主義的滲透而取消第三廳單位，但認為有必要繼續推行文化運動的宣傳工作，於隔月又成立了「文化工作委員會」（簡稱「文工會」）由政治部管轄並撥給經費，「文工會」在文化宣傳上雖繼承了第三廳的工作精神，並且網羅文化各界人士，但該組織卻被規範要求僅能作為學術研究的機構，無法直接從事宣傳工作，對於宣傳抗戰的作用已逐漸失去效果，就從事抗戰宣傳活動為目的的漫畫家而言，在中央機構內同樣失去發揮的舞臺，即使後來 1941 年 2 月 7 日政府又成立了「文化運動委員會」（簡稱「文運會」）隸屬中央宣傳部，但這個組織的誕生也同樣受到政治干涉的操作下，其目的依舊是以抵抗共產黨的勢力並直接強化對全國文化運動的主導力量作為重心，反而忽略抗戰宣傳工作的重要性。〔註 18〕

〔註17〕中國第二歷史檔案館編，《中華民國史檔案資料彙編》，第五輯第二編文化（一），頁 137～143；陳逢申，《戰爭與宣傳：以中國抗日時期的話劇、音樂及漫畫為例（1937～1945）》（臺北：文化大學），2004/12，頁 206。

〔註18〕陳逢申，《戰爭與文宣：以中國抗日時期的話劇、音樂及漫畫為例（1937～1945）》（臺北：中國文化大學），2004/12，頁 77～78。

　　抗戰後期，國共之間的分裂再次衝擊到由國民政府所主持的宣傳工作與團隊的合作力量遭到瓦解分散，再加上抗戰的持久戰消耗了國家大量的資源與財源，導致中央經費撥放困難，無疑是雪上加霜，更加打擊了文藝界包括漫畫家在內宣傳抗日的士氣，無形中也削減了文化戰場宣傳抗敵的力量，所幸地是，隨著戰爭逐漸接近尾聲，即便抗戰聲浪不再像抗戰初期那樣強烈，但是透過先前不斷推行抗戰漫畫宣傳活動的深根，國民政府宣導愛國精神與民族抗戰的信念還是能夠影響民眾的心裡時時謹記抗戰必勝的決心來面對國家的未來。

## 三、軍民合一的漫畫宣傳隊

　　抗戰期間，地方上有「救亡漫畫宣傳隊」推行漫畫雜誌報刊並舉辦漫畫展覽活動為抗戰宣傳付出心力，也有中央政府設立宣傳部門投入大量抗戰宣傳的活動，原本各自進行的活動，就在全面抗戰爆發後，漫畫界同國民政府聚集在武漢地區，當時國民政府招攬上海「漫畫界救亡協會」加入軍事委員會政治部第三廳，而當初的救亡漫畫宣傳隊也被納編其中，改稱呼為「軍委會政治部漫畫宣傳隊」（簡稱漫畫宣傳隊），這是一支軍民合一的漫畫宣傳隊，他們來自民間之後加入國民政府，隨政府單位的各文藝宣傳隊一起下鄉宣傳工作，積極主辦無數場宣傳活動，像是編輯畫報、舉辦展覽、發宣傳畫等等。也因為受到國家的重視並給予支援，漫畫家們在這個時候反而更能集中力量團結一致支持抗戰。當時的漫畫宣傳隊共分有兩支隊伍〔註19〕，一隊由特偉率領留在桂林，其隊員包括黃茅、陸志庠、廖冰兄、宣文傑、廖未林等，除了舉辦街頭漫畫展覽，也負責協助由政府成立的「戰時繪畫訓練班」開班授課，培訓新進漫畫學員，並且拉攏全國木刻界抗敵協會與全國漫畫作家協會桂林分會合編出版了《漫畫木刻月選》〔註20〕及《漫木旬刊》〔註21〕等刊物，刊登許多由木刻版畫與漫畫造型相互結合所創作的特殊漫畫形象，讓木刻家與漫畫家同心合力一起為抗戰宣傳盡一份心力，這支宣傳隊後來跟隨國民政府遷移重慶；另一分隊則由張樂平率領葉岡及麥非一同前往東南戰區，先後

---

〔註19〕 凌承緯、張懷玲，〈抗戰時期的漫畫宣傳隊〉，《中國美術館》（北京：中國美術出版總社，2011/12）第12期，頁87～92。

〔註20〕 全國木刻界抗敵協會編輯，《漫畫木刻月選》（全國木刻界抗敵協會），共2期，1940/07～08。

〔註21〕 全國漫畫作家協會桂林分會，《漫木旬刊》（全國漫畫作家協會桂林分會），1939/07/05～。

於皖南、贛東繪製了大幅宣傳畫與連環漫畫在各地巡迴展覽，民國 28 年（1939）在上饒舉行的漫畫宣傳大遊行更爲地方上帶來強烈的抗戰造勢活動，另外，該團隊也編輯《前線日報》副刊《星期漫畫》〔註 22〕等刊物，並與東南戰地的文藝工作者合編了以刊登木刻和漫畫爲主的《刀與筆》雜誌〔註 23〕。漫畫宣傳隊加入政府宣傳部門後，積極主辦展覽活動、編刊畫報雜誌、發放漫畫宣傳單，甚至開班授課培訓新進漫畫學員……等等，深受民眾的喜愛與支持，在抗戰漫畫宣傳領域獲得不錯的成效。

從漫畫家的工作環境中，使我們瞭解「下鄉宣傳」是當時漫畫宣傳隊的主要任務，在物資缺乏的戰亂時代，他們始終堅定信念以推行抗戰漫畫宣傳作爲使命，並在政府經費補助協助下，來到中國各地戰區以克難方式出版漫畫刊物與書報，並舉辦多場漫畫聯展與巡迴展的活動，極力投入抗戰宣傳工作。例如民國 27年 6 月 9 日（1938），漫畫宣傳隊派遣張樂平、陸志庠、葉岡、廖冰兄等人組成小分隊深入浙、皖、贛一帶鄉間城鎮，推行抗戰漫畫宣傳工作，舉行連環布畫巡迴展、遊行展、街道展甚至深入到更內地的地區舉辦小型的流動展覽；同時也協助當地出版社與協會編輯許多漫畫刊物，提供不少漫畫稿件，例如浙江金華的《戰畫》〔註24〕、福建泉州的《殲滅漫畫》等等，協助宣傳的活動持續達 4 個多月，直到武漢失陷後，小分隊才結束離開與漫畫宣傳隊會合後並隨著國民政府撤退。〔註 25〕下鄉宣傳工作讓漫畫宣傳隊成爲抗戰期間各地方抗戰漫畫宣傳運動的重要骨幹，並把抗戰漫畫的火種傳向中國四方繼續發光發熱。

可惜的是，國民政府裁撤了第三廳以後，重慶漫畫宣傳隊不久也跟著解散，至於張樂平率領的上饒漫畫宣傳隊，則於民國 30 年 7 月（1941）改隸屬第三戰區政治部，但終究因爲嚴重缺乏經費不得不於隔年春宣佈解散，軍民合一的漫畫宣傳隊自此正式邁入合作終點。儘管如此，許多隊員依舊不放棄宣傳工作，轉而投靠民間地方所成立的漫畫社團，繼續執筆投入戰場，爲抗戰漫畫宣傳工作奉獻一己之力。

---

〔註 22〕張樂平主編，《星期漫畫》（江西上饒：漫畫宣傳隊），1940。
〔註 23〕張樂平主編，《刀與筆》（浙江金華：戰時美術工作者協會），1939/12。
〔註 24〕戰時美術工作協會，《戰畫》（浙江金華：戰時美術工作者協會，1939/2～？），共 11 期。
〔註 25〕凌承緯、張懷玲，〈抗戰時期的漫畫宣傳隊〉，《中國美術館》（北京：中國美術出版總社），第 12 期，2011/12，頁 90。

## 第三節　抗戰漫畫宣傳內容之走向

　　全面抗戰時期，漫畫家的作品創作有志一同的在文化運動推廣中第一次達到共識，力主以抗戰漫畫宣傳作爲創作的主題性，以提高全民嚴肅振奮的抗戰情緒，主要創作有關宣傳戰爭中的時事戰況、控訴侵略者的暴行、討伐漢奸敗類、歌頌抗日英雄……等等結合現實爲抗戰服務的內容，搭配單幅漫畫或連環漫畫的形式，以通俗漫畫的方式呈現於民眾面前。以下針對漫畫內容類型進行分類解說。

### 一、救亡圖存的團結合作之愛國決心

　　全面抗戰前夕，漫畫宣傳多以灌輸全體國人同胞的愛國教育及深化民族主義爲主，藉以激發國人的憂患意識，爲爾後掀起全面對日戰爭預作準備，對此筆者視爲浴血抗戰的前奏曲；爲達此一目的，救亡漫畫家們將這種攸關抗日漫畫內容廣泛散佈於各種雜誌或書報之中，使得救亡圖存的宣傳效果幫助了國人抗戰的向心力逐漸凝聚，尤其全面戰爭爆發後，此等宣傳效果更是奠定了日後以「抗戰」爲主題的漫畫宣傳發展之趨勢。

　　由此可知，救亡圖存的漫畫宣傳內容是爲了激發民眾團結合作的愛國心爲主軸，因此內容多以對抗日軍暴行的決心以及促進政府與社會團結合作的向心力作爲主題，例如作者張汀以譏諷詼諧的漫畫〈看你橫行到幾時〉（圖2-11），強烈表達日本政府應該懸崖勒馬；作者將日本比做八爪的螃蟹，加上標語「看你橫行到幾時」，這種宣傳手法警告意味相當濃厚，說明了此一時期日本已佔領中國東北，正肆無忌憚的任意妄爲，圖中左下角，作者特意繪製一顆以點燃戰火的圓形炸彈，更凸顯著中華民族的容忍已到最後關頭，抗戰可能隨時爆發；另一方面，筆者認爲，作者繪以炸彈警示，有一種生死相搏的悲憤，我軍、民同胞應做寧爲玉碎，不爲瓦全之準備；同樣爲了警示日本不要那麼猖狂，如江敉的〈日本之泥腳〉（圖2-12），描繪民國26年7月7日（1937）盧溝橋槍聲一響，因日本軍國主義者之無法無天，得寸進尺，占領中國大都市之點與鐵路之線，一年左右陸續占領了北京、武漢、廣州以東之線，結果陷入中國大陸這個泥沼之中不能自拔。另外，值得一提的是，在畫面下方的黑色泥沼中，作者刻意刻寫「CHINA」而不寫「中國」其實是藉此吸引不懂英文字母的民眾，從不懂字幕意思轉而注意到這張漫畫的主旨，首

實已達到宣傳的效果。〔註 26〕再者，作者黃堯在《漫畫界》期刊中創作〈二合〉漫畫作品（圖 2-13），其中兩個「中」字的麻將，上方各站一人相對方握手，下方則寫著「『槓』不得，『暗克』不得，更 『碰』不得，『二』隻『中』風，恰恰『二和』」一句話。由於當時中央國民政府權衡國家總體戰力甚弱，對內則為增加國家總體戰力，統一指揮權責，採取「先安內後壤外」策略，先後歷經東征、北伐、剿共……等，藉此厚植國家總體戰力，以期完成全面抗戰之準備。但是面對日軍企圖全面侵略中國已迫在眉梢，於是作者是暗喻希望國共兩黨應放下敵對共同合作聯合抵抗日本為首要目標，反映出漫畫家對當時社會氛圍具有敏銳的沈思。

圖 2-11　〈看你橫行到幾時〉

張汀，1936 年，《中國日報》。

圖 2-12　〈日本之泥腳〉

江敉，1937 年，《日本の侵略、中國の抵抗──漫画に見る日中戦争時代》。

圖 2-13　〈二合〉

黃堯，1936 年 7 月，《漫畫界》第 3 期封面。

---

〔註26〕 石子順，《日本の侵略、中國の抵抗──漫画に見る日中戦争時代》（東京都：大月書店），1995 年，頁 95～96。

## 二、鼓舞士氣、軍民合一的全面抗戰漫畫

　　全面抗戰時期，在全國團結的氛圍下，鼓舞將士們英勇抗敵的士氣以及鼓吹民眾踴躍從軍、保家衛國的信念，顯得格外重視，漫畫家們也特別推崇繪製許多鼓舞的圖像，爲了宣導民族主義及愛國意識的思想行動，創作一系列抗戰到底的決心與抗戰必勝的真理。例如軍事委員會政訓處的〈爲國家生存而戰〉（圖 2-14）、廖冰兄的〈大家起來保衛中華民族和國土〉（圖 2-15）皆以放大比例的戰士昂首站立，手舉刀械槍枝，高聲吶喊殺敵，以保衛國家爲己任。另外，黃再刊的〈團結抗戰到底〉（圖 2-16）與張諤的〈擊破敵人侵略的迷思〉（圖 2-17）同樣宣導抗戰到底的堅定意志，不同前者巨大身型的對象，而是改以強壯的手臂與拳頭暗喻中華民族的團結象徵，足以壓制弱不禁風的日方敵軍；另外，像是梁白波的〈站在日軍前面的巨人──游擊隊〉（圖 2-18）、蔡若虹的〈地質學家又碰了壁〉（圖 2-19）這種採用對比方式的對照法也經常出現在漫畫宣傳作品中，特別適用於展示敵我實力懸殊的狀況，刻意放大中國形象的比例，代表中國人奮起抵抗的決心，相對的日本形象自然顯得弱小無力，採用此種形式的特色，除了有助於鼓舞士氣，同時也讓視覺容易產生衝擊，藉此引起觀者的注意與認同。

圖 2-14　〈爲國家生存而戰〉　　　圖 2-15　〈大家起來保衛中華民族和
　　　　　　　　　　　　　　　　　　　　　　　國土〉

佚名，1937 年，軍事委員會政訓處。　　廖冰兄，1938 年，《新中國美術圖史》。

圖 2-16　〈團結抗戰到底〉　　圖 2-17　〈擊破敵人侵略的迷思〉

黃再刊，抗戰期間，中國革命博物　　張諤，抗戰期間，中國革命博物館。
館。

圖 2-18　〈站在日軍前面的巨人　圖 2-19　〈地質學家又碰了壁〉
　　　　　──游擊隊〉

梁白波，1938，《抗戰漫畫》第 3 期。　蔡若虹，抗戰期間，中國革命博物館。

　　另一方面，抗戰漫畫宣傳內容也主打軍民合一的團結精神，在全民抗戰
的號召下，倡導軍民一致對抗敵人，如張樂平的〈惟有軍民合作，才能殲滅
敵人〉（圖 2-20），畫中穿著軍服的中國軍人與普通百姓共同推著巨輪從哀號
的日軍身上滾過去，強調軍民合作、提升民族精神的重要意義；趙望雲的〈農

民們，起來唷〉（圖2-21）和梁白波的〈鋤頭給我，你拿槍去。機器給我，你拿槍去〉（圖2-22）則是號召中國內陸數以萬計的農民與工人們一起從軍抗敵，不分男女老幼。這些主張軍民合一，鼓舞百姓拿起武器追隨國軍共同抗日的漫畫宣傳，在當時可是許多漫畫家相當重視的題材內容。

圖2-20　〈惟有軍民合作，才能殲滅
　　　　　　敵人〉

圖2-21　〈農民們，起來唷〉

張樂平，1938年，《抗戰漫畫》。　　　趙望雲，抗戰期間，《抗戰畫刊》。

圖2-22　〈鋤頭給我，你拿槍去。機器給我，你拿槍去〉

梁白波，1938年，中山漫畫館。

## 三、博取各界同情的時事悲情漫畫宣傳

　　中國邁入全面對日抗戰的期間，整體而言似乎處於節節敗退的局勢，爲了給予民眾信心以及引起各界的同情與共鳴，時事與悲情漫畫宣傳成爲了漫畫家必選的題材，主要以刊載中日抗戰期間具體事件的報導內容爲主，又可區分爲二，其一爲描繪戰場上的事件，爲的是藉由中國軍隊奮戰的歷程，帶給群眾對日抗戰勝利的信念與希望。尤其針對戰況捷報的時事搭配驚心動魄的戰爭畫面，更能達到有利的效果，例如艾炎的〈響堂舖戰役〉（圖 2-23），描繪在抗日作戰中，中國八路軍第 129 師一部在河南省涉縣響堂舖地區（今屬河北省）伏擊日軍的戰鬥，以遊擊戰鬥方式取得抗戰初期的勝利。戰亂中只見煙霧四起，前方中國軍隊奮起抗敵，不僅炸燬日軍車陣，日本士兵們更是傷亡倒地不起，看到如此畫面，容易給人達到振奮人心的效果；秦兆陽的〈佔領了徐州？〉（圖 2-24），在歷經「台兒莊大捷」後，雖然徐州依舊慘遭淪陷，但由於國軍頑強抗擊，爲部署武漢保衛戰贏得了時間，同時也消耗日軍主力。秦兆陽以此提出了徐州被佔領的疑問同樣是爲了企圖激勵民心，因此畫面中以誇張造型，刻意突顯侵華日軍的猙獰嘴臉，以及面臨後方中國軍隊反攻士氣而略顯狼狽的模樣，希望引起民眾共鳴，增強他們相信抗戰不敗的信念。

圖 2-23　　〈響堂舖戰役〉　　　　　圖 2-24　　〈佔領了徐州？〉

艾炎，1938 年，中國革命博物館。　　秦兆陽，1938 年 6 月，《抗戰漫畫》
　　　　　　　　　　　　　　　　　　第 12 期。

其二為描繪民間戰亂的事件，當漫畫家沿路遷徙並深入民間做宣傳活動時最能貼近觀察民眾社會生活的情境，因此他們將沿途所目睹到百姓飽受戰爭迫害的悲慘事件，不論是當時的災情或飢餓的同胞通通將其引述到漫畫中，希望藉此能更加挑起民眾的同仇敵愾的心理並刺激愛國情緒，例如丁聰的〈媽媽〉（圖 2-25）以及蔡若虹的〈血的哺養〉（圖 2-26）皆為紀實性的漫畫，利用戰亂中大人受困甚至死亡無法保護自己孩子的慘酷畫面，激發各界民眾的同情心，尤其蔡若虹的〈血的哺養〉是根據日軍飛機轟炸上海的場景，描寫一位被炸死躺在街道上的母親，她懷中的嬰兒在血泊中尋找奶吃，任人看了都於心不忍。

圖 2-25 　〈媽媽〉

丁聰，1938～39 年，1939 年「香港抗日畫展」。

圖 2-26 　〈血的哺養〉

蔡若虹，1937～38 年，《烽火》旬刊。

## 四、日軍侵略暴行與控訴漢奸賣國之批判

　　針對日軍對中國的暴行與侵略所做的控訴漫畫，多半利用實事或者諷刺內容加深民眾對日軍的憤慨印象，也是抗戰期間描繪最多的題材內容，除了揭露日本欲瓜分中國的陰謀、抨擊日本侵華戰爭的暴行、組織偽政府所謂「提攜」和「親善」的真面目之外，也揭示日軍必敗的結果論。譚弼的〈禽獸主義的「皇軍」〉（圖 2-27）、張文元的〈殺人放火〉（圖 2-28）揭露了日軍佔領中國之後，所到之處皆可看見他們犯下偷搶擄姦殺種種罪行，欺壓中國百姓的暴行令人感到憎惡與無情。另外，漫畫家衍的〈笑裡藏刀〉所示（圖 2-29），諷刺日本對統治區域的百姓以欺騙手法灌輸日本親善的表象，實則採取奴化政策加以控制他們的行動與思想。值得一提的事，面對日軍侵略中國的野蠻行為，漫畫家描繪日軍的共通點多半是利用獐頭鼠目的模樣醜化日軍形象或者以毒蛇猛獸的動物形象來象徵日本暴戾兇殘的行徑，嚴厲批判控訴侵略者的惡行。例如張樂平的〈敵寇臉譜系列〉（圖 2-30），作者用諷刺妙筆描繪出四十二個日軍的臉譜，揭示了日本帝國主義侵略者的殘暴和愚蠢的種種可惡嘴臉，成為許多漫畫家仿效的對象；麥非的〈捕蛇圖〉（圖 2-31）與廖冰兄的〈暴露敵人惡毒心腸〉（圖 2-32）皆以邪惡的蛇象徵日軍不義的行為。再者，除了控訴日軍一切暴行，漫畫家也懂得利用日本軍國主義必敗的結果論，帶給憤怒的國民心存勝利的希望，例如華君武的〈榜樣〉（圖 2-33），利用借鑑手法揭示日本軍國主義首惡戰犯東條英機等，必將與法西斯罪惡頭目之一墨索里尼一樣，被反侵略正義力量判以死刑；汪子美的〈這就是大和魂〉（圖 2-34），其畫寓意著日軍侵略中國是自殺行為，如果執迷不悟，最後只會留下一罈骨灰。

　　控訴漫畫中另有關披露漢奸賣國賊的醜陋行為以及偽政府的虛偽真面目的題材也不少，可以藉由攻擊漢奸傳達忠誠愛國的民族意識。所謂漢奸是指賣國求榮之漢人，漫畫家多半將他們描繪成諂媚、奉承、卑躬屈膝、軟弱的形象，供民眾怒罵與唾棄，早在全面抗戰前，這類題材已出現在漫畫家作品之中，例如張諤〈帝國主義與漢奸〉（圖 2-35），在這裡帝國主義指的是日本，他手上拿的大刀血淋淋，但刀上寫的是「提攜」（合作）和「親善」，而漢奸（賣國奴）手上拿的紙寫的是問號，漫畫家讓帝國主義與漢奸都穿同樣衣服緊黏一起，這不必多費筆墨，一看就明白他們的關係，同樣衣服似象徵著同樣文字和同樣黃種人，但心裡想的是否相同，實不無疑問；丁聰的作品〈傀儡政府成立記〉（圖 2-36）針對民國 27 年 3 月 28 日（1938），在南京，剛剛

成立以梁鴻志為龍頭的「中華民國維新政府」傀儡政權，管轄江蘇、浙江、安徽三省淪陷區以及南京、上海兩個特別市。圖畫上方描繪日方在成立傀儡政權籌備會席上說明其進行時間表，漢奸們正恭聽著，下面則是強制動員難民收容所的民眾前去祝賀傀儡政權之降世〔註27〕；江敉的〈刀口上吸血吃的漢奸〉（圖 2-37）表示漢奸無恥的舔舐著日軍用來殺人的刀刃，以及汪子美的〈和平之犬〉（圖 2-38）顯示喻為漢奸的小白狗懦弱無能，只能依附在象徵貪婪可憎的豺狼日軍底下狐假虎威，這等作品皆暗諷漢奸為了求榮賣國，與日軍狼狽為奸的真面目。另外，1940 年汪精衛在日本扶持下於南京成立「汪偽政權」也引發一連串批判效應，漫畫家更是大力嘲諷汪政權的傀儡特性，例如張樂平的〈共榮圈〉（圖 2-39）、新四軍政治部印發的〈漢奸汪精衛的前後不一〉（圖 2-40）表示汪精衛雖然對外主張內政自主，但他終究是日本的走狗，是日軍侵華的利用對象，最終只會讓日本的企圖得逞，令人詬病。

圖 2-27　〈禽獸主義的「皇軍」〉

譚弼，抗戰期間，中國革命博物館。

〔註27〕　石子順，《日本の侵略、中国の抵抗——漫画に見る日中戦争時代》（東京都：大月書店），1995 年，頁 87～88。

圖 2-28　〈殺人放火〉

張文元，抗戰期間，中國革命博物館。

圖 2-29　〈笑裡藏刀〉　　　　　圖 2-30　〈敵寇臉譜系列〉局部

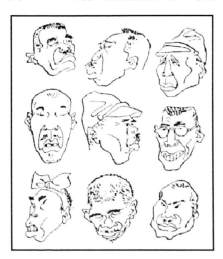

衍，抗戰期間，中國革命博物館。　　　張樂平，1940 年，《刀與筆》第二期。

圖 2-31　〈捕蛇圖〉

麥菲，抗戰期間，中國革命博物館。

圖 2-32　〈暴露敵人惡毒心腸，指導大眾的動向！〉

廖冰兄，1938年，《抗戰漫畫》第 8 期。

圖 2-33　〈榜樣〉

華君武，1945 年，汪子美，《解放日報》。

圖 2-34　〈這就是大和魂〉

汪子美，抗戰期間，《抗建通俗漫畫》。

圖 2-35 〈帝國主義與漢奸〉

張諤，1936 年，《漫畫與生活》。

圖 2-36 〈傀儡政府成立記〉

丁聰，1938 年 4 月，《良友畫報》。

圖 2-37　〈刀口上吸血吃的漢奸〉

江敉，1938 年，南京圖書館。

圖 2-38　〈和平之犬〉

汪子美，1936 年 11 月，《時代漫畫》第 32 期。

圖 2-39 〈共榮圈〉

張樂平，1940 年，中國美術館典藏。

圖 2-40 〈漢奸汪精衛的前後不一〉

佚名，抗戰期間，新四軍政治部印發。

## 五、策反攻勢擊垮侵華日軍士氣

　　抗戰時期，漫畫家繪製了一批針對日本軍隊進行策反的宣傳單，試圖說服長期滯留中國無法回家的日本士兵們能夠棄械投降，這種利用心理作戰的策反方式，在戰爭時期，任何國家都會使用的手段，用以瓦解軍民士氣。除了國人自己進行策反宣傳，當時由在華日本人組織成立的「在華日本人民反戰同盟」也給予很大幫助，其成員是由一批被中國共產軍隊抓到的日兵，在俘虜政策下受到共產思想的感召，以及備受人道主義的對待，最後從原本接受軍國主義的精神轉而加入共產黨團，成立日人反戰組織。「在華日本人民反戰同盟」的成員約千餘人，他們主要的反戰活動是對侵略中國的自己人進行政治宣傳，反戰盟員十分瞭解日本的民族習慣和日兵思鄉厭戰心理作用，為了企圖瓦解日軍士氣，喚起日兵覺醒，以達到瓦解軍心作用，除了投身到抗日戰爭的前線喊話宣傳，並勸說日軍不要再繼續這場侵略戰爭，同時，在中國軍隊協助下印刷許多富有日本民族色彩且圖文並茂的漫畫宣傳品，傳單內容通常有幾種，有的以利益交換方式說服敵軍投誠，有的則以文圖並茂的方式描繪有關遠方的家鄉與家人，讓敵方前線的士兵看到傳單時觸景傷情、思念故鄉，藉此削弱他們的鬥志，以便取得勝利的轉機。

　　中國發放這些策反漫畫傳單通常利用在地優勢，直接將傳單送至日本佔領區域傳播，又或者駕駛飛機採取空投方式，甚至冒著生命危險飛往日本本島進行空投，民國 27 年 5 月 19 日（1938），中國曾派遣空軍第十四中隊長領隊駕駛兩架飛機遠征日本長崎、佐世保等地進行著名的人道轟炸計劃，飛機內裝滿各種反戰漫畫宣傳物品，大量的塞進沒有火藥的炸彈裡，往日本本島順利空撒後凱旋歸來。這些策反漫畫傳單通常以圖文並茂、簡潔明瞭的日文，向日兵表明中國歡迎他們的投靠、結束離家的痛苦、共同聯合打倒日本軍閥等內容，例如魯少飛與葉繁所繪的〈戰場上號召日本兵投降的漫畫傳單〉（圖 2-41）以及政府印發的〈號召鬼子兵投誠，一起收拾日本的軍國主義的將官〉（圖 2-42）；而八路軍印發的〈戰爭的犧牲品〉（圖 2-43）則以死者頭骨代表日兵的犧牲只留下飢餓困苦的遺族無所依靠；蔡若虹的〈日本民眾不喜歡戰爭〉（圖 2-44），這幅漫畫描述七七事變開始不久，推翻當時之日本人假裝高高興興地把自己兒子、丈夫送往戰場的假象，難得把日本人在心中不喜歡自己寶貝兒子上戰場的心理刻畫得如此逼真，這只能說是時代的悲劇。新四軍政治部印製的〈弟兄們，征服中國，你們得到的利益是什麼〉（圖 2-45），畫

中描繪一名日兵騎著體力耗盡的馬匹，沿路步履蹣跚地經過滿是橫屍街頭的遺骸，卻不曉得自己來華作戰的目的到底爲何⋯⋯等等，這些試圖說服基層日本軍隊投降的策反漫畫宣傳作品在日本統治進駐的各個地方大量傳播，對長期遠征無法回鄉的敵人日軍來說，以策反宣傳的攻勢來動搖他們出征的信念，具有一定的影響與作用。

圖 2-41　〈戰場上號召日本兵投降的漫畫傳單〉

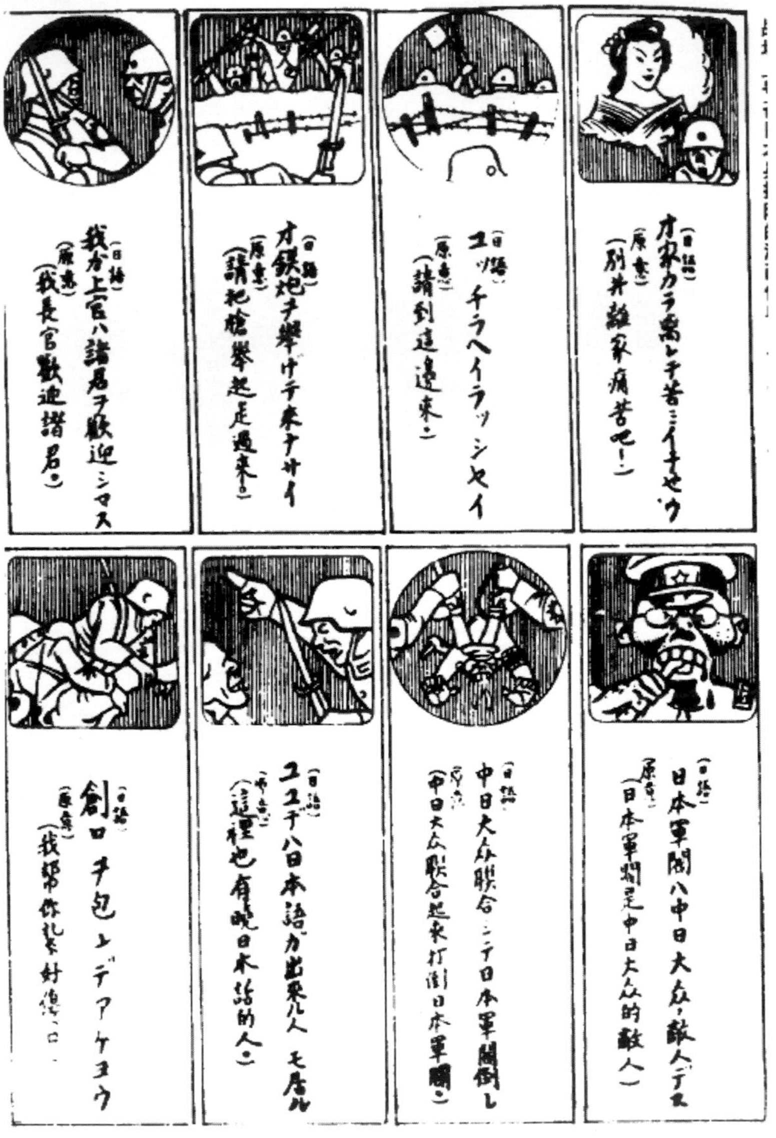

魯少飛、葉繁，1938 年，《抗戰漫畫》。

圖 2-42　〈號召鬼子兵投誠，一起收拾日本的軍國主義的將官〉

佚名，抗戰期間，國軍政府印製。

圖 2-43　〈戰爭的犧牲品〉

佚名，抗戰期間，八路軍印發。

圖 2-44 〈日本民眾不喜歡戰爭〉

蔡若虹，1937 年 8 月 26 日，《抗戰》三日刊。

圖 2-45 〈弟兄們，征服中國，你們得到的利益是什麼〉

佚名，抗戰期間，新四軍政治部印。

### 表 4、中國抗戰漫畫宣傳足跡簡述

| | 愛國救亡圖存運動 | 誓死全面抗戰運動 |
|---|---|---|
| 時間 | 自 1931 年九一八事變至 1937 年七七事變 | 自 1937 年七七事變至 1945 年日本投降 |
| 根據地 | 以上海為主以及沿海區域大城市 | 以武漢、重慶為主以及內陸廣大區域 |
| 宣傳類型 | 報紙、雜誌、宣傳單、海報、展覽活動 | |
| 標竿雜誌 | 上海的《時代漫畫》、《漫畫生活》、《漫畫和生活》、《漫畫界》 | 上海的《救亡漫畫》、漢口的《抗戰漫畫》 |
| 雜誌特色 | 綜合性文藝雜誌，救亡漫畫多以時事諷刺內容安插其中篇數。 | 專屬抗戰漫畫雜誌，集中火力圍繞民族國家抗敵作戰的宣傳。 |
| 展覽活動 | 1936 年 11 月於上海舉辦一次「第一屆全國漫畫展覽會」並於沿海一帶舉辦巡迴展。 | 1937 年 9 月於南京舉辦「抗敵漫畫展覽會」並做巡迴展覽。往後在內陸舉辦更多抗戰漫畫展覽活動。 |
| 重要協會與組織 | 1937 年春成立「中華全國漫畫作家協會」 | 1937 年 8 月組織「上海漫畫界救亡協會」並成立「救亡漫畫宣傳隊」；不久，「救亡漫畫宣傳隊」與國民政府合作，編納入政治部第三廳改名為「軍委會政治部漫畫宣隊」；1939 年 5 月「中華全國漫畫作家協會」最後改名為「中華全國漫畫作家抗敵協會」 |
| 宣傳主題 | 一、救亡圖存的團結合作之愛國決心<br>二、鼓舞士氣、軍民合一的全面抗戰漫畫<br>三、博取各界同情的時事悲情漫畫宣傳<br>四、日軍侵略暴行與控訴漢奸賣國之批判<br>五、策反攻勢擊垮侵華日軍士氣 | |

## 第四節　中國漫畫始祖——豐子愷與民族抗戰漫畫家——黃堯

　　中國抗戰漫畫在悠久歷史文明背景下充滿濃厚的民族精神，有助於凝結中國百姓的團結愛國表現，尤其中國軍隊節節敗退之時，無辜民眾流離失所，被侵略領土的百姓則受盡屈辱，面對這些生死交關的戰爭局面，著實衝擊整

個文藝界，漫畫家們無不竭盡所能，試圖發揮創作長才，以抗戰漫畫做為宣傳功能，藉此希望喚醒民眾救國救民的熱誠。漫畫家在面臨如此畫壇生態的改變，如何適應戰時的新發展、如何自發加入宣傳行列、如何積極創作抗日議題，筆者於前述中逐一整理介紹，為了更清楚認識漫畫家如何與時代密切關聯，如何體現民族主義精神，在眾多著名對象當中，筆者以豐子愷和黃堯前後兩代漫畫家作為例子，前者是 20 年代帶動漫畫興起並曾為戰亂創作戰鬥漫畫的漫畫始祖；後者乃 30 年代為喚起民眾愛國之情實際投入戰爭宣傳行列的漫畫家代表。以下將以這兩位漫畫家身在戰亂時期，對投入抗戰行列的貢獻進行深入探索。

## 一、中國漫畫始祖——豐子愷

豐子愷（1898～1975）浙江省石門縣人，其父親豐鎤善於詩文，曾中舉人，因此，在其耳濡目染之下，自幼便對詩文書畫產生豐富的興趣。之後，豐子愷就讀師範時期，受到藝術家李叔同（弘一大師，1880～1942）和文學家夏丏尊（1886～1946）的啟蒙，更加奠定他對東西方繪畫與文學寫作的基礎。民國 8 年（1919）畢業後，豐子愷應畫家吳夢非（1893～1979）和音樂家劉質平（1894～1978）之邀一起創辦了上海專科師範學校，他在校任職教務主任同時任教西洋畫等課程，也在其他學校兼課，十分受到學生的歡迎。由於豐子愷青年時期便立志出國深造，當時日本自明治維新以來，西洋藝術發展迅速，加上自上海前往日本的旅費比較便宜，民國 10 年（1921）在恩師與同事的鼓勵下，豐子愷決定前往日本東京展開短期遊學生涯。繪畫進修方面，豐子愷十分欣賞日本漫畫家竹久夢二（1884～1934）的民俗風情漫畫小冊（圖 2-46），竹久夢二的創作以簡筆充滿詩意的畫風自成一家，其構圖技巧來自西方，但畫趣卻充滿東洋味，可謂東西融合的典型創作。豐子愷赴日進修 10 個多月後，礙於盤纏用盡不得以返國，並回到學校繼續授課講學，閒暇之虞他也開始創作漫畫，除了吸取竹久夢二與蕗谷虹兒（1898～1979）的畫風特色，也深受中國畫家陳思曾（1876～1923）的影響，從中找到了日後繪畫風格的途徑，他融合了東西方繪畫的技巧與精神，利用毛筆技法、詩題材料，表現出西方漫畫的筆調與趣味，刻畫人生百態與反映社會現象取代了過去傳統國畫的古畫常規，可謂開創新中西融合、言簡意繁的創作意境與風格（圖 2-47）。

圖 2-46　〈晚歸〉

竹久夢二，年代不詳，《豐子愷年譜》。

圖 2-47　〈爸爸還不來〉

豐子愷，1927，《豐子愷漫畫選繹》。

　　不間斷的漫畫創作，讓豐子愷成爲 20 年代中國漫畫藝術的先驅，甚至被視爲中國近代漫畫家始祖，其實早在中學時代，他便陸續向報刊投寄畫稿的經驗。後來引起《文學周報》編輯家鄭振鐸的注意，並向豐子愷邀稿，自民國 14 年（1925）起，《文學周報》開始連續刊載豐子愷的畫作，並定名爲「子愷漫畫」的標題，往後甚至出了第一本《子愷漫畫》〔註 28〕畫集（圖 2-48、2-49）。其漫畫造形簡約，畫風樸實，饒富童趣，在眾多畫家中，獨樹一格，深受讀者喜愛。由於廣受歡迎的程度前所未見，大眾開始關注到漫畫藝術的存在，紛紛對其產生興趣，「子愷漫畫」甚至被視爲「漫畫」一詞出現之始，雖然比 1904 年上海報紙《警鐘日報》出現〈時事漫畫〉專欄晚了 10 年之久，仍可想而知其知名度之廣播也讓「漫畫」一詞在中國普及並帶動漫畫創作的流行。

圖 2-48　《子愷漫畫》封面

豐子愷，1925 年，《豐子愷圖傳》。

---

〔註 28〕豐子愷，《子愷漫畫》（上海：開明書店），1926。

圖 2-49　〈花生米不滿足〉封面

豐子愷，1925 年，《子愷漫畫》。

　　戰前救亡圖存時期，豐子愷定居於故鄉石門灣自宅緣緣堂，除了工作需要經常往返於上海、杭州、石門灣之間，其餘時間幾乎靜心於繪畫與寫作當中，這時期可視爲豐子愷創作的黃金時期，不僅投稿雜誌報社，期間更出版了將近 20 多部著作與翻譯，包含散文集、漫畫集、音樂教育論集、藝術理論著作、翻譯書籍等等，其中漫畫集包括《雲霓》〔註29〕、《人間相》〔註30〕、《都會之音》〔註31〕。豐子愷這時期的創作和其他漫畫家一致，大部分都是貼近民眾生活的通俗性題材，可以看見他積極關注戰亂時刻社會變遷與民生的疾苦，並在作品內加以抨擊並質疑不平等的現象，反映出對人民的同情與對社會的無奈，如〈雲霓〉一作中（圖 2-50），農夫們腳踩汲水工具，同時仰望空中雲霓，希望老天爺能夠下點雨，訴說著風和日麗的晴空下正醞釀著乾旱的來臨。這一系列的作品中，作者主要爲了暗喻 30 年代中國動盪不安的社會「始終充塞著大熱似的苦悶和大旱似的恐慌」的時代氣氛〔註32〕；又如《都

〔註29〕豐子愷，《雲霓》（上海：天馬書店），1935/04。
〔註30〕豐子愷，《人間相》（上海：開明書店），1935/08。
〔註31〕豐子愷，《都會之音》（上海：天馬書店），1935/09。
〔註32〕盛興軍，《豐子愷年譜》（大陸：青島出版社），2005/09，頁 253。

會之音》中的〈小學時代的同學〉（圖 2-51），描繪一個西裝革履的年輕人在路上巧遇挑著扁擔準備上工的同學，這是畫家利用對比方式列舉出城市物質文明與鄉村貧窮落後的不協調之處，藉此突顯出社會不平等的衝擊。除了反映風俗民情、社會現象，自九一八事變以來，豐子愷的作品中也經常針對戰亂抒發憂世情懷的題材，如〈倉皇〉（圖 2-52）描繪一家四口逃難的畫面，父親扛著家當、手牽幼子與母親手提行李、背著幼兒，在炮火中逃難，只為倉皇求得一線生機；〈東鄰弔罷西鄰賀〉（圖 2-53）描繪一名手持柺杖的老叟經過兩棟各自寫著九一八和十十門碑的房子，暗喻國難當前，國人歷經九一八事變的弔唁，又要迎接雙十國慶的祝賀，憂喜參半的情緒交織著血與淚、愛與恨揉合而成的歷史，讓人回首時不勝唏噓。

圖 2-50　〈雲霓〉

豐子愷，1935/04，《雲霓》。

圖 2-51 　〈小學時代的同學〉

豐子愷，1935/09，《都會之音》。

圖 2-52　〈倉皇〉

豐子愷，1933，《豐子愷漫畫選繹》。

圖 2-53　〈東鄰弔罷西鄰賀〉

豐子愷，1935，《豐子愷漫畫選繹》。

　　全面抗戰之後，民國 27 年（1938），日本攻佔了浙北，豐子愷攜家帶眷告別故鄉，朝西南方逃難，一路飽經流離之苦，經長沙、漢口，終於同年 6 月中旬到達廣西桂林，並在桂林師範擔任教職，在任教之餘，豐子愷指導學生一起創作抗日漫畫宣傳單與壁報，並上街張貼同時發表演說，如此積極從事抗日宣傳活動，與他歷經逃難生活過程深刻體驗國家正面臨民族存亡的危急關頭息息相關，在《還我緣緣堂》一文中曾寫道：「以筆代槍，憑我五吋不爛之筆，努力從事文畫宣傳，可使民眾加深對暴寇之痛恨。軍民一心，同仇敵愾，抗戰必能勝利。」〔註 33〕可見豐子愷身為藝術家，仍不忘肩負愛國使命。在桂林這段期間，豐子愷先後繪畫了〈轟炸〉系列作品（圖 2-54）、〈散沙團結，可以禦敵〉（圖 2-55）、〈停背投箸不能食〉、〈褥下防身劍，摩挲日幾回〉、〈戰地之春〉……等等抗戰漫畫作品，由於其知名度遠播，作品備受群眾喜愛，相對影響更是深遠。除了創作抗戰漫畫作品，在桂林期間，豐子愷也完成了《漫畫日本侵華史》（後於流亡途中失落）、《抗戰漫畫集》以及重繪《阿 Q 正傳》〔註 34〕等著作，並與他人編制抗戰宣傳文畫套書，發放至內陸各鄉村作為宣傳用途。民國 28 年 4 月（1939），豐子愷接受友人之托，來到廣西宜山浙江大學任教。教學期間不忘繼續從事抗戰漫畫的創作，並將一年以來有關抗戰漫畫作品編輯成冊，提名為《大樹畫冊》〔註 35〕。在宜山期間，人們經常得面對敵機的轟炸，警報一響便得攜老扶幼四處躲避，豐子愷便將這些親身經歷透過創作一一浮現於漫畫作品中，如〈躲在 V 字型的岩石中〉（圖 2-56）與〈龍岡園〉（圖 2-57）都是作者一家避難的寫實，尤其〈躲在 V 字型的岩石中〉一作中，描繪豐子愷一家來不及逃到安全避難所，只得躲藏在 V 字型的岩石縫中，險些喪命的經歷，此乃控訴戰爭空襲踐踏人命的不平。民國 29 年初（1940），因戰事逼近，豐子愷又隨浙大繼續內遷，來到貴州遵義。除了繼續教課，也出版了《藝術修養基礎》、《子愷近作漫畫集》、《子愷近作散文集》、《客窗漫畫》、《抗戰歌選》等著作。由於當時遵義並未受到戰事侵

〔註 33〕　丁秀娟，《感悟豐子愷》（上海：東華大學出版社），2004/08，頁 65。

〔註 34〕　《阿 Q 正傳》共 54 幅作品，描繪雇農阿 Q，由於受到壓迫極力反抗，卻被反動勢力殺害的故事內容。豐子愷曾在 1937 年完成，原本交於學生張逸心帶往上海印製出版，卻遇到八一三事變，其稿子毀於戰火；1938 年，豐子愷逃難於漢口時，受人之託又重繪一次，沒想到寄至廣州時，又遭逢日軍大轟炸，再次付之一炬；最後在桂林三繪《阿 Q 正傳》後，終於 1939 年 7 月由開明書店正式出版。

〔註 35〕　豐子愷，《大樹畫冊》（大陸：文藝新潮社），1940/02。

擾，豐子愷也利用這段時間重新繪製過去毀於戰火或絕版的畫稿與畫集，編成《護生畫集》一冊、《護生畫續集》一冊、《子愷漫畫全集》六冊（共 424 幅作品，包括《古詩新畫》84 幅、《兒童相》84 幅、《學生相》64 幅、《民間相》64 幅、《都市相》64 幅、《戰時相》64 幅），如此浩大工程也將豐子愷過去的漫畫作品做了有系統的整理。〔註36〕

圖 2-54　〈轟炸四〉

豐子愷，1938 年，《日本の侵略、中国の抵抗──漫画に見る日中戦争時代》。

〔註36〕劉英，《豐子愷圖傳》（湖北：人民出版社），2005/01，頁82。

圖 2-55　〈散沙團結，可以禦敵〉

豐子愷，1938 年，《豐子愷漫畫選繹》。

圖 2-56　〈躲在 V 字型的岩石中〉

豐子愷，1939 年，《豐子愷圖傳》。

圖 2-57　　〈龍岡園〉

豐子愷，1939 年，《豐子愷圖傳》。

　　民國 31 年 11 月（1942），豐子愷又應陳之佛之邀前往重慶國立藝術專科學校任教，並在重慶蓋屋定居，命名爲「沙平小屋」，此後豐子愷決定從教職退休，靠寫文賣畫爲生，除了與同好飲酒閒談外，鮮少與外界來往，開始自由自在過著近乎隱居式的生活。待在抗戰大後方，豐子愷對自己的漫畫形式逐漸有了轉變，過去 2、30 年代創作階段，根據作品歸類依序可分爲寫古詩句時代、兒童相時代、社會相時代，抗戰後期則多了一個自然相時代，作品中出現山水風景主題取代了人物寫生的題材，豐子愷自述中曾說「一到浙江，就看見高山大水。經過江西湖南，所見的又都是山，到了桂林就看見所謂『甲天下』的山水。從此，我的眼光漸漸由人物移注到山水上。我的筆底下也漸漸有山水畫出現。我的畫紙漸漸放大起來，我的用筆漸漸繁多起來。」〔註 37〕可見戰亂逃難生活，讓豐子愷開拓了更廣闊的視野，有機會接觸祖國的大好山水，並試圖從自然相中體悟出生活哲理思維（圖 2-58）。1945 年，抗戰勝利，舉國歡騰，豐子愷也和所有人一樣陷入狂歡之中，他將戰勝的喜悅畫進漫畫作品中，以表達自己歡樂的心情。如（圖 2-59）

〔註 37〕豐子愷，《畫展自序》，1942/11；陳星，《豐子愷的藝術世界》（高雄：佛光出版社），1993，頁 34。

圖 2-58　〈有酒有酒，閒飲東牕〉

豐子愷，1941 年，《豐子愷漫畫選繹》。

圖 2-59　〈狂歡之夜〉

豐子愷，1945 年，《豐子愷年譜》。

總觀豐子愷一生過著賦閒清貧的生活，不論自早期居住故鄉緣緣堂，或是

抗戰時期定居重慶沙平小屋，即使戰後回到杭州依舊過著居閑生活，甚至有人給他取個「三不先生」之名，即不教書、不演講、不赴宴。豐子愷自己解釋不教書、不演講，由於流亡十年之後，身體不好，學殖荒蕪，不得已如此，加上子女皆已長大獨立，負擔較輕，單靠版稅賣畫足以維持簡樸生活，至於不赴宴乃是生怕宴會之苦。〔註38〕從豐子愷僅僅只擔任過教職、編輯工作，而後轉爲專心寫文作畫，可以想見他只追求平淡生活，從他的漫畫作品中也看出這股追尋文雅平靜的心境。唯有抗戰之初，看盡人間遭受戰爭侵略摧殘，讓豐子愷的漫畫創作增添了強烈的愛國情緒，對抗戰的高度熱情使他憑藉文章與漫畫作品忠實紀錄下日軍的暴行以及毀滅的景象，有學者將他的抗戰漫畫題材歸有數類，包括控訴戰爭、譴責暴行；轟炸警報的恐怖景象；世間的流離困苦及戰時見聞；鼓舞軍心士氣並團結國人；將漢奸醜化爲獸形魁偉；勾勒勝利願景；訴願消彌戰爭並祈求和平等〔註39〕。這類作品也可和其他漫畫家創作的抗日內容相互呼應。但是，或許是受到恩師弘一大師的影響，秉持佛教以慈爲悲的信念，豐子愷的抗敵漫畫大部分集中在描繪世間的流離困苦及戰時見聞，鼓舞軍心士氣且團結國人，以及勾勒勝利願景，訴願消彌戰爭並祈求和平等等題材上。尤其提倡和平甚於戰爭的冀望，從他的《護生畫集》（圖2-60、2-61）中可窺探其究，他不鼓勵殺敵，而是用反向思考方式，勸人愛惜生命、戒除殘殺，藉此養成仁愛，鼓吹和平。當然「我們不是侵略戰，是『抗戰』，爲人道抗戰，爲正義抗戰，爲和平抗戰，我們是以殺止殺，以仁克暴。」〔註40〕從這裡，可以見到豐子愷渴望和平、反對暴力的「護生」眞意。除了創作抗戰漫畫，豐子愷也以行動支持抗戰，他曾流亡於漢口時，於民國27年3月（1938）加入新成立的「中華全國文藝界抗敵協會」，並擔任協會會刊《抗戰文藝》的編委，大量投稿抗戰漫畫做爲宣傳用途，他曾在同年4月《抗戰漫畫》「全國美術界動員特輯」中發表文章《漫畫是筆桿抗戰的先鋒》，積極倡導以漫畫抗戰，不僅提出看漫畫一望而知，不花時間，所以容易理解，也認爲漫畫是一種世界語言，任何國人都看得懂，說明漫畫具有銳利的宣傳力。〔註41〕之後，豐子愷受邀擔任教職，更是

〔註38〕劉英，《豐子愷圖傳》（湖北：人民出版社），2005/01，頁94。

〔註39〕陳逢申，《戰爭與文宣：以中國抗日時期的話劇、音樂及漫畫爲例（1937～1945）》（臺北：中國文化大學），2004/12，頁234～242。

〔註40〕豐子愷，〈勞者自歌・切勿毀之已〉，1938年；陳星，《豐子愷的藝術世界》（高雄：佛光出版社），1993，頁37。

〔註41〕盛興軍，《豐子愷年譜》（大陸：青島出版社），2005/09，頁301。

不遺餘力地經常帶領學生們下鄉進行漫畫宣傳。儘管，豐子愷在抗戰後期選擇隱居生活，減少實際的抗戰活動。但是，豐子愷最大的貢獻便是自己對漫畫的堅持使他成為引領中國漫畫興起的代表人物，並帶動年輕一輩的漫畫家隨之跟進，為中國漫畫界發展掀起一股前所未有的流行，進而戰亂抗日之時，促使漫畫家們無不動筆描繪戰爭漫畫題材，進行一場抗戰漫畫宣傳的愛國表現，為中華民族貢獻一己之力。

圖 2-60　《護生畫集》封面

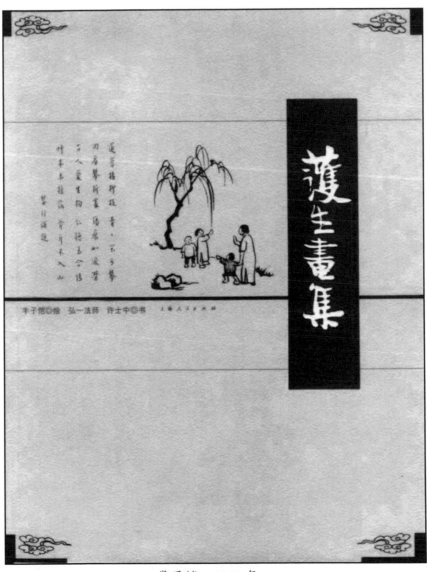

豐子愷，1940 年。

圖 2-61　　〈螞蟻搬家〉

豐子愷，1940 年，《護生畫集》。

## 二、民族抗戰漫畫家——黃堯

　　黃堯（1917～1981），民國 6 年（1917）生於上海，祖籍浙江嘉善。黃堯畫作的淵源與他的家族背景有很大的關係，他的家譜甚至可追溯到漢朝時期，可知其歷代祖先多為文人知識份子，喜愛收藏古人字畫，因此，黃堯從小就有機會接觸藝術的薰陶與啓發，尤其要歸功其父親黃漢鐘（生卒年不詳）知識淵博又擅書畫且教子嚴格，指導黃堯學習了中國傳統書畫與歷史文學，再加上家中所擁有豐富的字畫收藏品，包括陳洪綬（1598～1652）、梁楷（生卒年不詳）、米芾（1051～1107）、石濤（1642～1707）、石溪（1612～1692）、

八大山人（1626～1705）等書畫，讓黃堯有機會對這些作品不斷臨摹研究，不僅培養他注意細節的敏銳眼光，同時也激發他對不同門類的書畫作品產生興趣。〔註 42〕影響他未來運用深厚的繪畫功力與熟練線條來創作知名漫畫作品。

　　在救亡圖存的上海時期，民國 22 年（1933），年僅 16 歲的黃堯便任職於當時上海著名的報社《新聞報》，擔任記者工作，從事一些專欄和時評的編輯。由於對繪畫難以忘懷，隔年，報社給了黃堯創作漫畫並且發表的機會，為此他創作了一個漫畫人物——「牛鼻子」，沒想到推出後一炮而紅，成為家喻戶曉的知名對象，自此也展開了黃堯創作漫畫的生涯。提及黃堯所創作「牛鼻子」本身就具有中華民族的精神特質，這是他在創造該角色的過程中，精心考量的條件要素。主要也是受到當時日本對中國欺壓侵略的影響，加上外國媒體總是視中國人為東亞病夫的負面印象，這些欺侮與譏諷的打擊均促使黃堯在設定漫畫人物的最初核心價值時，必須具備幽默與勇氣、樂觀與純真的性格，希望打造出一個追求自尊，爭取民族獨立的形象。基於上述條件，再來端看「牛鼻子」造型像是一個長相滑稽、無所畏懼的中年男子形象，如同中國紳士一樣的普通模樣，在他的臉上可看見圓臉、圓眼睛、圓鼻子、圓耳朵及稀疏的髮毛等特徵，尤其那令人醒目的大鼻子以及又大又圓的一雙耳朵，主要是為了讓「牛鼻子」在視覺上令人過目不忘，深刻地留在讀者的腦海裡（圖 2-62）。根據黃堯自己的說法，他所創造的「牛鼻子」是一個圓胖的形象，代表健康與富足，這與當時西方媒體上常見的瘦弱多病的中國人大相逕庭，而且「牛鼻子」總是腰桿筆直，抬頭挺胸，象徵一個精力充沛的男子，刻意塑造出形象正面的中國國民。〔註 43〕其實，塑造出「牛鼻子」角色是黃堯根據自己的模樣作為範本，再加以誇張變形，賦予更多特徵與個性，無論「牛鼻子」的外型、為人處事的態度，還是幽默感都具有鮮明的中國特色。而黃堯也希望透過「牛鼻子」的響亮名氣能成為中國民眾的代言人，替那些飽受欺辱卻無法反抗，尤其是被日本侵略中國殖民領土上的百姓們，為他們道出心聲，發表不滿之意。

〔註 42〕黃堯基金會編，《黃堯——漫畫家、學者和書畫家的一生（1917～1987）》（大陸：黃堯基金會），2001，頁 5。

〔註 43〕黃堯基金會編，《黃堯——漫畫家、學者和書畫家的一生（1917～1987）》（大陸：黃堯基金會），2001，頁 12。

## 圖 2-62　〈牛鼻子製作過程〉

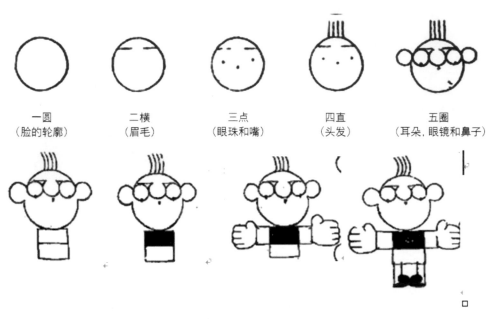

《牛鼻子三講》，黃堯，1941/04，中國文化服務社。

　　戰前救亡圖存時期，黃堯的漫畫早已廣受民眾喜愛，尤其「牛鼻子」系列作品更是老少咸宜，累積了不少忠實擁護者。期間，黃堯除了自民國 23年 5 月（1934）起在自己的報社《新聞報》副刊刊載「牛鼻子」連載漫畫，民國 24 年 2 月（1935）也受邀成為《時代漫畫》第 14 期以後的漫畫創作班底，固定發表「牛鼻子正傳」或者「牛鼻子串演」等系列作品，其他像是《上海漫畫》、《漫畫界》也都能看到「牛鼻子」的身影。有關黃堯初期的漫畫主題多是採用現實生活作為題材，注重內容幽默趣味，以固定的造型和敏銳的觀察力，關照社會大眾，宣揚真善美，有時作者也會用諷刺態度抨擊世間醜惡現象，寓哲理於一事一物之中，頗耐人尋味。例如「牛鼻子正傳」中〈原來是個聾子〉（圖 2-63）、〈太陽鏡〉、〈麻皮流行美〉……等等，內容充滿詼諧的生活趣味，不僅能欣賞文雅幽默的風格，同時還能體察當時社會脈象。其次，黃堯也會關心國家政治時事，尤其關注日軍侵略的消息，在他的作品中不時出現暗諷日軍的野蠻罪行以及諷刺漢奸賣國的作品，如「牛鼻子串演」中〈傀儡戲何多〉（圖 2-64）、〈戳穿空城計〉……等作品主題皆針對日軍與漢奸弄虛作假的惡劣行為以詼諧的畫面加以諷刺批判，展現民族精神的愛國反日情緒。

圖 2-63　〈原來是個聾子〉

黃堯，1935/07/20，《時代漫畫》第 19 期。

圖 2-64　〈傀儡戲何多〉

黃堯，1935/12/20，《時代漫畫》第 24 期。

　　全面抗戰前，黃堯除了受邀在各報紙與雜誌刊登漫畫作品，也參與了在上海任何有關漫畫組織的活動，如民國 24 年（1935），黃堯與其他漫畫同好們在上海成立漫畫俱樂部，隔年，又爲了救亡運動所舉辦「第一屆全國漫畫展覽會」中擔任籌組委員成員。全面抗戰爆發後，民國 26 年 8 月（1937），黃堯和漫畫家們組織成立了「上海漫畫界救亡協會」，並和王敦慶、廖冰兄、特偉等人創辦了《救亡漫畫》五日刊，內容全都以「抗戰」作爲主題，旨在激起人們的救亡愛國的情操。他的積極作爲使自己成爲了上海漫畫運動的中堅份子。除此之外，黃堯還推行一項重要任務，即運用「牛鼻子」家喻戶曉的影響力，極力鼓勵少年孩童進行漫畫創作，由於他的線條簡單，構造不複雜，兒童們很容易學習，而且又很有趣味，因此民國 26 年 4 月（1937）時，他號召少年兒童們創作各自心目中的「牛鼻子」，並打算舉辦投稿活動讓入選作品能夠參與「世界牛鼻子展覽會」，主要目的是爲了教育並提供給來自中國各地的孩童一個分享未來夢想的機會。該活動受到熱烈的迴響，光是收到作品就高達二千多件，黃堯還在他創辦的《牛頭漫畫》雜誌〔註 44〕中刊登許多兒童創作「牛鼻子」的作品。可惜後來中國遭逢七七事變以及八一三事變爆發，「世界牛鼻子展覽會」因戰火不得不延期，直至民國 26 年 9 月（1937）時候，黃堯再次向全國孩童們發出邀稿通知，這次爲因應戰爭的環境，黃堯特別要求孩童依據心目中的「牛鼻子」畫出有關「抗戰」和「慰勞」的主題創作，短短兩週時間共計收到四萬多張作品，其作品題材千變萬化，有的人繪畫「牛鼻子」抗戰勝利凱旋歸來，有的則畫出「牛鼻子」期盼和平不要戰爭，還有的畫出「牛鼻子」從軍保衛國家……等等，從其中挑選出部分的作品便在 9 月 26 日由「上海兒童界救亡協會」名義所舉辦的「全國兒童救亡漫畫展」中展出，之後再由全國童子軍總會負責攜往中國內地各縣市作巡迴展覽宣傳活動。黃堯積極投入兒童教育領域，儘管多數漫畫家在八一三事變爆發之後，離開上海前往各地宣傳抗戰使命，但黃堯選擇留在上海繼續推行愛國救亡活動並且領導「上海兒童界救亡協會」組織，實乃有感於兒童是未來的主人翁，鼓勵他們繪畫創作不只可以培養他們擁有健全正面的思想，同時也希望透過孩童天眞趣味的漫畫宣傳帶給因戰亂而滿布愁雲的民眾一絲信念，哪怕只是看到作品時的會心一笑，都具有鼓舞人心的效果。〔註45〕

〔註44〕黃堯，《牛頭漫畫》（上海：牛頭漫畫社），1937/05。

〔註45〕黃堯基金會編，《黃堯──漫畫家、學者和書畫家的一生（1917～1987）》（大陸：黃堯基金會），2001，頁 13。

　　民國 26 年 11 月（1937），經歷三個多月的抵抗，上海最終依舊淪陷，黃堯在收到日本人的恐嚇信後，不得不離開上海，從寧波、南京、漢口輾轉來到重慶，此時流亡至內陸的黃堯，加入國民政府政治部第三廳宣傳科工作行列，集中精力創作抗日漫畫作品，以宣揚救國抗戰的主題來表達他對侵略者野蠻行徑的憤慨，並且號召中國百姓無論貧富老少，都要拿起武器保衛國家，他的相關作品曾刊載在當時的《抗戰漫畫》半月刊中，如〈後方應該更努力〉（圖 2-65）、〈殺了這個野漢，熄了這把野火〉（圖 2-66）、〈重慶的輪廓〉……等等。在全面抗戰時期，黃堯還有一項重大貢獻就是出版漫畫讀物，1938 年初，他在創辦了自己的出版社，取名為「民間出版社」，希望能在戰亂年代中實踐其「國家興亡，匹夫有責」的人生信念，於是專門出版並編輯一些可供給士兵和大眾閱讀的漫畫讀物。自 1938 年至 1942 年，他一共出版至少超過十本抗戰漫畫讀物，屬於自己創作的讀物包括《民族的吼聲》、《72 侵略圖》（共 5 冊）、《後方的重慶》、《一個中國兵》、《好男兒》……等等，還有《新的連環圖畫座談》、《牛鼻子三講》等等漫畫理論著作。這些抗戰讀物幾乎都是以「牛鼻子」作為抗戰角色，並以圖文並茂的方式進行創作。例如民國 27 年 3 月（1938），黃堯出版的《民族的吼聲》（圖 2-67）是一本牛鼻子抗戰漫畫小叢書以控訴日本帝國主義的壓迫暴行作為主旨，創作了多幅抗日團結的漫畫作品，如〈看勝利就在眼前〉（圖 2-68），畫中描述牛鼻子全副武裝，攜帶刀與槍，一手高舉握拳，另一手指著前面遠方城牆上揮舞著中國國旗，似乎在向民眾宣示中國勝利即將到來的信念；民國 27 年 4 月（1938）出版的《72 侵略圖》（圖 2-69）則是黃堯花了半年時間將收集到日本侵略中國的相關資料與研究繪製而成，共記錄了 1891 年至 1937 年日本對華的 72 次侵略行為，如〈盧溝橋事變〉（圖 2-70）描繪日軍點燃第一顆砲彈，象徵中日全面戰爭的引爆；民國 30 年 1 月（1941），黃堯同時出版《一個中國兵》及《好男兒》都是為了鼓勵青年男兒從軍的漫畫宣傳書。《一個中國兵》內容以文字為主，圖畫為輔的方式，描述四川的「牛大哥」投軍殺敵的故事，從入伍受訓起到出征打仗、殺敵致勝，最後掛上光榮的勳章為止，刻畫出男兒當兵打日本鬼子的光榮事蹟（圖 2-71）；《好男兒》則是著重圖畫內容，生動形象地描繪出一個流浪的孩子為了解救中國，如何成長為一位抗日戰士的故事情節（圖 2-72），其描述過程大部分與《一個中國兵》相似。

圖 2-65 〈後方應該更努力〉

黃堯，1938/01/16，《抗戰漫畫》第 2 期。

圖 2-66 〈殺了這個野漢，熄了這把野火〉

黃堯，1938/03/16，《抗戰漫畫》第 6 期。

圖 2-67　　《民族的吼聲》封面

黃堯，1938/03，民間出版社。

圖 2-68　　〈看勝利就在眼前〉

黃堯，1938/03，《民族的吼聲》。

圖 2-69 　《72 侵略圖》封面

黃堯，1938/04，民間出版社。

圖 2-70 　〈盧溝橋事變〉

黃堯，1938/04，《侵略 72 圖》第五冊。

圖 2-71　〈歡迎壯丁出征〉

黃堯，1941/1，《一個中國兵》。

圖 2-72　〈好男兒當兵去〉

黃堯，1941/1，《好男兒》。

　　爲了鼓勵更多普通百姓參與抗戰，黃堯早在民國 27 年 9 月（1938）於民間出版社編輯出版了《新的連環圖畫座談》，這一本理論著作，黃堯找來許多漫畫同好者一起座談，出席者包括張堯、金文韶、張望、樂天、艾中信、何公超等文藝界朋友，並將大家針對創作連環圖畫的意見與評論記錄下來，同時刊載許多漫畫家作品，然後製作成這本書。所謂新的連環圖畫，黃堯在此書中序言寫道：「以前因爲它的內容太空虛腐爛！於是一般文化人對它搖頭，而一般中下層的人們卻又趨之若鶩，這現象太使我痛心，現在我們祇要把它就的內容剔除，裝入新的液汁，強有力地在『民間』展開著，這樣它就能成爲真正推進整個『文化』、『教育』、『藝術』的一種最偉大的力量！」〔註 46〕因此，他找來這些朋友一起討論在這緊張的非常時期階段，如何讓新的連環圖畫成爲與民眾溝通的最佳途徑，以吸引更多人閱讀漫畫，黃堯的目的就是要通過漫畫宣傳的力量來達到真正喚起全面抗戰、全民動員的教化功能。通過這套理論黃堯也將之實踐在他的漫畫創作中，在往後所創作的漫畫讀物（如前段所述），均採以連環漫畫、圖文並茂的形式陳列他的作品，冀望能通過強烈的民族精神與愛國團結的力量，鼓舞全國人民誓死保衛抗戰。爲了積極推廣連環漫畫的抗戰宣傳，除了出版讀物，黃堯也隨其他漫畫家一同下鄉宣傳，帶著他的連環漫畫作品不斷向偏遠村落的村民們宣傳青年從軍以及支援前線抗戰之必要性而做努力。來到鄉間的黃堯同時利用民間繪畫題材與版畫印製，製作大量的抗戰宣傳畫如〈抗戰門神圖〉、〈和合二仙畫〉、〈抗戰鍾馗圖〉……等等，在鄉間廣爲流傳。如黃堯所繪製的〈抗戰門神圖〉（圖 2-73）畫面相當獨特，該門神是以牛鼻子的形象描繪，身穿畫著中華民國國旗的傳統戰袍，肩上的小旗子分別寫著「打倒日本」、「復興中華」，童子手中的銅鏡則寫著「有錢出錢」、「有力出力」，不同於傳統的門神手持大刀長矛，而是改拿一把裝上了刺刀的步槍，身旁還都放著一枚手榴彈，如此運用傳統民俗人物形象作爲抗戰宣傳的手法實屬罕見。

　　民國 30 年（1941），國共問題再次浮現，引發皖南事變之後，國民政府取消第三廳單位，漫畫宣傳隊被迫解散，雖然當時黃堯並未隨漫畫宣傳隊到各地方四處巡迴宣傳，但畢竟也在政府第三廳單位工作，同樣可收到一定的經費補助，如今政府裁撤了第三廳以後，對漫畫宣傳也不再特別關注的情況下，黃堯只好自力救濟，脫離政府單位並且離開重慶，輾轉來到貴陽、桂林、

〔註46〕黃堯主編，《新的連環圖畫座談》（重慶：民間出版社，1938/09），頁 2。

昆明等地。這時也是黃堯戰時漫畫創作的轉戾點，他不再積極投入鼓勵民眾從軍的宣傳工作，而是以撫慰人民在戰亂期間的精神創傷爲宗旨，通過出版書籍、舉辦展覽的形式，讚頌中國人民在抗戰中所堅持的民族精神。民國 31 年 10 月 21 日（1942），黃堯爲了籌募貴陽市乞丐救護基金而舉辦了《戰爭中的中國人》展覽活動，每幅作品都是以知名「牛鼻子」爲角色，雖然每個人物造型、內容各異，但都具體呈現每個中國人於戰爭中的愛國特質，如〈文人穿武裝寫作也要上前線去了〉（圖 2-74）、〈制服上的補丁與徽章——同樣在發光輝〉（圖 2-75）、〈瓦礫堆中有優遊〉……等等共 103 幅作品。黃堯後來將這些作品集結成書，從整體內容看到畫家善用他幽默的筆法與思想，以詼諧的趣味表現戰爭中的中國人面對入侵臨危不懼的看法，漫畫圖像中已不見強烈的抗戰宣傳氣息，但還是可體會到黃堯對戰亂環境中的百姓生活依舊十足關懷。自此之後，他也開始遊歷各地，創作旅行系列的漫畫作品，爲研究地方民俗風情留下了寶貴的歷史資料。

圖 2-73　〈抗戰門神圖〉

黃堯，1939 年，木刻版畫，民間出版社。印刷。

圖 2-74　〈文人穿武裝寫作也要
上前線去了〉

圖 2-75　〈制服上的補丁與徽章
——同樣在發光輝〉

黃堯，1942 年，《戰爭中的中國人》。　　　黃堯，1942 年，《戰爭中的中國人》。

### 表 5、豐子愷與黃堯抗戰時期生平簡表

| 時間 | 豐子愷 | 黃堯 |
|---|---|---|
| 1898 年 | 出生浙江省石門縣 | |
| 1917 年 | | 出生上海 |
| 1919 年 | 秋，與同學吳夢非和劉質平一起創辦了上海專科師範學校。<br>11 月，成立「中華美育會」，設有《美育》雜誌。 | |
| 1921 年 | 赴日本東京展開短期遊學生涯。 | |
| | **1922～1937 教職漫畫創作時期** | |
| 1922 ～ 23 年 | 任職春暉中學圖畫、音樂，兼課寧波第四中學、育德小學。曾於《春暉校刊》發表漫畫作品。 | |
| 1925 年 | 年初，與匡互生等人創辦立達中學；兼課於上海專科師範學校。<br>3 月，上海《文學周報》冠以「子愷漫畫」題名，發表其漫畫作品。 | |
| 1926 年 | 9 月，開明書店出版《子愷漫畫》。 | |
| 1927 年 | 2 月，開明書店出版《子愷畫集》。<br>10 月，皈依弘一法師，將寓所命名「緣緣堂」。 | |

| | | |
|---|---|---|
| | 同年兼任濯衷中學和復旦實驗中學藝術教師。 | |
| 1928 | 4月，開明書店出版《西洋美術史》。<br>同年因經費困難，立達中學西洋畫科停辦，辭去教職。 | |
| 1929年 | 2月，出版《護生畫集》第1集。（後陸續出版共6集，450幅作品）<br>秋，兼職於松江女子學校任教圖畫、藝術。<br>同年擔任開明書店編輯。 | |
| 1930年 | 1月，擔任開明書店創辦《中學生》雜誌藝術編輯。<br>3月，開明書店出版其著《西洋畫派十二講》。<br>秋，因患傷寒，辭去所有教職工作，專心譯著、繪畫。 | |
| 1931年 | 1月，開明書店出版其著《緣緣堂隨筆》散文集。<br>冬，上海大江書鋪出版其譯著《美術概論》。<br>6月，開明書店出版其《西洋名畫巡禮》一書。 | |
| 1932年 | 1月，開明書店出版其《兒童漫畫》畫集。<br>3月，上海兒童書局出版其《兒童生活漫畫》畫集。 | |
| 1933年 | 春，回老家石門灣定居，亦命名「緣緣堂」。直至1937年底，豐子愷半隱居於此，創作大量散文、論著、漫畫等作品，先後出版漫畫集、隨筆集、文藝論集多達20餘部，可算是豐子愷藝術創作成就最高時期。 | 就職上海《新聞報》報社記者。 |
| | | **1934～1951 抗戰漫畫創作時期** |
| 1934年 | 11月，開明書店出版其《藝術趣味》《開明圖畫講義》、《開明音樂》等書。<br>同年往返於杭州、上海、石門灣之間。先後為《文學季刊》、《新中華》、《中學生》、《人間世》、《教育雜誌》……等等刊物撰稿。 | 創造「牛鼻子」漫畫人物<br>5月起，上海《新聞報》副刊刊載「牛鼻子」連載漫畫。 |

| 1935 年 | 4 月，上海良有圖書印刷公司出版《藝術叢書》；天馬書局出版《雲霓》漫畫集。<br>8 月，開明書局出版《人間相》漫畫集。<br>9 月，天馬書局出版《都會之音》漫畫集。 | 2 月起，成爲《時代漫畫》第 14 期以後的漫畫創作班底，發表「牛鼻子」系列作品。<br>9 月，牛鼻子漫畫書出版。<br>11 月，與其他漫畫家成立「漫畫俱樂部」 |
|---|---|---|
| 1936 年 | 1 月，擔任開明書店創辦《新少年》雜誌藝術編輯。<br>6 月，加入「中國文藝家協會」。<br>7 月，《上海漫畫》第 3 期刊出「上海《時代漫畫》主辦：全國漫畫展覽會徵求作品」消息，豐子愷爲籌辦人員之一。<br>10 月，豐子愷和其他作家共同發表《文藝界同人爲團結禦敵與言論自由宣言》號召團結，一致對外反對日本侵略；上海人間書屋出版《藝術漫談》一書。 | 任職上海《新聞報》美術編輯<br>4 月，牛鼻子社出版《牛鼻子》第一、第二集。<br>6 月起，於《上海漫畫》雜誌定期發表牛鼻子作品。<br>7 月起，於《漫畫界》雜誌定期發表牛鼻子作品。<br>10 月，牛鼻子社出版《牛鼻子》第三集、牛鼻子《賜福集》。<br>11 月，黃堯是第一屆全國漫畫展覽會組委會成員之一。 |
| 1937 年 | 1 月，開明書局出版《緣緣堂再筆》一書。<br>3 月，開明書局出版《少年美術故事》一書。<br>4 月，赴南京參加美術研究會。<br>春，完成《阿 Q 正傳》漫畫，後稿子毀於戰火。<br>11 月，老家石門灣被炸，豐子愷一家開始逃難生活。 | 4 月，牛鼻子社出版《牛鼻子》第四集、牛鼻子《假使集》上編。<br>5 月，牛頭漫畫社出版《牛頭漫畫》。<br>7 月，牛鼻子社出版《牛鼻子》第五集、牛鼻子《假使集》下編。<br>8 月，黃堯與其他漫畫家成立「上海漫畫界救亡協會」。<br>9 月，黃堯擔任《救亡漫畫》編委會，並發表作品。舉辦「全國兒童救亡漫畫展」。<br>10 月，離開上海，經寧波、南京、漢口。<br>12 月，漢口舉行「全國兒童抗戰漫畫旅行畫展」。 |
| | **1938～1945 逃亡漫畫創作時期** | |
| 1938 年 | 春，重繪《阿 Q 正傳》共 54 幅，再次毀於戰火中。<br>5 月，擔任《抗戰文藝》編委，以筆代槍，積極參加抗日宣傳。<br>6 月，抵達桂林，受邀擔任桂林師範教職。期間，指導學生一起創作抗日漫畫宣傳單與壁報，並上街張貼同時發表演說。 | 年初抵達重慶並創辦「民間出版社」。同年出版《民族的怒吼聲1、2》（3 月）、《72 侵略圖》（4月、共 5 冊）、《後方的重慶2》（8月）、《新的連環圖畫座談》（9月）<br>1 月，於《抗戰漫畫》雜誌不定期發表牛鼻子作品。 |

| | | |
|---|---|---|
| | 7 月，漢口大路書店出版《漫文漫畫》一書。<br>9 月，於桂林開辦「崇德書店」。（12 月毀於日軍空襲） | |
| 1939 年 | 4 月，受邀前往廣西浙大，教授藝術教育和藝術欣賞等課。<br>7 月，開明書店出版三繪《阿 Q 正傳》共 54 幅。 | 夏，民間出版社出版《牛鼻子十講》。 |
| 1940 年 | 1 月，隨浙大遷移遵義。<br>2 月，上海文藝新潮社出版《大樹畫冊》漫畫集；重繪並整理《護生畫集》與《護生畫續集》以及《豐子愷漫畫全集》共 6 冊。 | 4 月，民間出版社出版《亞洲在漫畫中》、《歐洲在漫畫中》。 |
| 1941 年 | 同年出版《藝術修養基礎》、《子愷近作漫畫集》、《子愷近作散文集》等書。 | 1 月，民間出版社出版《一個中國兵》、《好男兒》。<br>4 月，民間出版社出版《牛鼻子二講》。 |
| 1942 年 | 8 月，桂林今日文藝社出版《客窗漫畫》畫冊。<br>11 月，應邀前往重慶，任職於國立藝術專科學校；於夫子池首辦個人畫展，展出逃難以來所作彩色風景畫。 | 前往貴陽、桂林、柳州。<br>9 月，《百壽圖》作品展覽。<br>10 月，貴陽舉辦《戰爭中的中國人》作品展覽。<br>11 月，貴陽的文通書局出版《漫畫貴陽》牛鼻子旅行漫畫之一，並舉辦作品展覽。<br>12 月，與鄭寶林女士結婚。 |
| 1943 年 | 6 月，自宅「沙平小屋」落成，此後，豐子愷辭去教職，以寫文賣畫為生。<br>8 月，開明書店出版《漫畫的描法》一書。 | 6 月，桂林科學出版社出版了黃堯的《漫畫重慶》及《戰爭中的中國人》。<br>8 月，桂林舉辦「黃堯畫展」 |
| 1944 年 | 2 月，桂林文光書店出版與吳甲原合作的《世態畫集》。<br>2～3 月，於長壽、培陵、鄲都等地舉辦巡迴個人畫展。<br>6 月，重慶萬光書局出版其《教師日記》一書。<br>9 月，重慶萬光書局出版其《人生漫畫》畫集。<br>12 月，於南充舉辦個人畫展。 | 從桂林移居貴陽。<br>7 月，在貴陽舉辦慈善展覽，展示《漫畫昆明》、《漫畫桂林》等作品。<br>9 月，慰勞遠征歸國榮譽軍人舉辦「牛鼻子漫畫展覽特輯」。<br>10 月，為五華中學募捐，舉辦「牛鼻子畫展」。<br>年底離開貴陽，前往重慶、瀘洲 |

| 1945 年 | 6 月，於隆昌舉辦個人畫展。<br>7 月，舉辦內江和成都個人畫展。<br>8 月，日軍投降，創作《狂歡之夜》漫畫贈與親友。<br>11 月，於重慶市舉辦個人畫展。 | |
|---|---|---|
| 1946 年 | 4 月，上海萬葉書店出版《毛筆畫冊》四冊。<br>7 月，返鄉途中，於武漢舉辦個人畫展，以籌措旅費。<br>9 月，抵達上海。舉辦個人畫展。<br>11 月，赴杭州，定居於此。<br>12 月，上海萬葉書店出版《子愷漫畫選》彩色漫畫冊；上海中國保護動物會出版《護生畫集正續合刊》。 | 7 月，取得越南海防華人臨時身份證，11 月取得臨時簽證，合法居住越南海防。<br>年底逃離越南，前往昆陽。 |
| | **1946～1975 戰後自由作家創作時期** | |
| | | **1951～1973 戰後學術研究時期** |
| | | **1973～1987 退休繪畫創作時期** |

資料資料：盛興軍，《豐子愷年譜》（大陸：青島出版社，2005/09）；黃堯基金會資料中心 http://www.huangyao.org/resource-center-cn.html

# 第三章　日本軍國主義的侵略漫畫宣傳

## 第一節　侵略漫畫發展之趨勢

　　首先，探討侵略戰爭之前，應先瞭解日本早期的漫畫發展趨勢。若依據日本漫畫進入商品化與大眾化的發展階段，學者清水勳認爲應從 17 世紀江戶時代開始算起〔註1〕，主要因爲這時期大眾消費行爲變得熱絡，再加上教育的普及讓人民逐漸培養出閱讀的習慣，也促進出版業書籍的流通，其中最具代表性的漫畫書籍便是 18 世紀由葛飾北齋所繪的《北齋漫畫》，同時也是「漫畫」（過去稱作戲畫）一詞第一次出現在大眾面前。有關《北齋漫畫》的內容，是由葛飾北齋將他的一生所見所聞或有感觸的事物予以形象化，並用簡約誇飾的線條表現人物的表情及生活百態，充滿滑稽諷刺的形式同時又兼具浮世繪的風格，給人一種單純享受貼近大眾生活題材的豐富情感，深受民眾的喜愛與認同。後來，江戶時代末期，諷刺漫畫題材出現許多針對幕府貴族武士不滿與憤怒的批判聲浪，這與 19 世紀中期以來自歐洲傳入的政治諷刺漫畫不謀而合。其實，西方諷刺漫畫的傳入正逢日本從江戶時代末期邁入明治維新的現代化國家，隨著國家政策的變化，爲了富國強兵、文明開化，日本政府極力推動西化運動，包括經濟、軍事、教育、生活等全部涵蓋其中，而貼近民眾社會生活的諷刺漫畫也在這時候逐漸傳入日本，加上日本印刷技術已有所改良，報紙與雜誌的發展逐漸成型，很快地便成爲諷刺漫畫發表的重要媒介，自 1861 年英國漫畫家查爾斯·華格曼來到日本創辦了一份名爲《日本笨

---

〔註1〕　陳仲偉，《日本漫畫 400 年：大眾文化的興起與轉變》（台中：東海大學），
　　　　2009/05，頁 22。

拙》的漫畫雜誌，將西方漫畫風格引入日本，帶動日本出版業界競相仿傚；明治 25 年（1892），北澤樂天（1876～1955）在《時事新報》（1882～1936）中開設「時事漫畫」專欄，同樣開啓了報紙漫畫的熱絡時代，刺激了日本漫畫雜誌與報紙漫畫如雨後春筍般的崛起。日本戰前的諷刺漫畫發展其實充滿自由、隨性的創作，漫畫家的意識也十分獨立，不論是政治或風俗漫畫全都貼近民眾的日常生活，緊密難分，至於諷刺漫畫的批判對象有針對百姓的風俗民情諷刺題材，也有針對政府，爲了爭取民權運動、民主自由等進行創作，雖然諷刺政府的作品時常遭到打壓與禁止，但漫畫家利用諷刺漫畫來爲自己、爲民眾和社會發聲的動作並未因此停滯不前。不過隨著日本政府走向軍國主義，試圖干預漫畫市場來操弄民眾的情感，漫畫家再也不能夠自由地創作。若將之與先前時期相互比較，便會發現情況已經完全是南轅北轍。

而日本進入侵略戰爭時期的漫畫發展，應當是其所有階段中最蕭條沒落甚至停滯不前的時期，最大原因在於中央軍部完全控制了漫畫的形式與宣傳，漫畫家被要求必須與政府合作，爲侵略戰爭進行宣傳服務，導致原本貼近大眾生活、爲民眾發聲的諷刺漫畫轉變成爲戰爭宣傳的利器。以日本侵略中國爲例，日軍乃是爲了中央與軍部實行軍國主義的野心，效仿西方國家的殖民統治，企圖佔領中國廣大領土，但是爲了掩蓋其暴行的武力行爲並獲得日本國民的支持，於是提出了「膺懲暴戾支那」作爲藉口，以半強迫方式要求國民共同維護國家的權益，然而在受到中國人民強烈抵抗下，打亂了日方主張速戰速決的策劃，反而進入持久戰的深淵之中，深怕受到日本國民的質疑與放棄，加上日本中央的政策決定擴大戰爭領域，南進延伸至東南亞一帶，於是又提出了「大東亞新秩序」的觀念，建立所謂「大東亞共榮圈」的環境，企圖以自己爲主軸來統領整個亞洲。日本採用這種以防衛觀念來掩飾戰爭暴行，爲了達到有效的宣傳，強烈控制著當時本土民營的出版行業以及漫畫家，使其發展不僅受阻甚至只能依附在軍國主義的權威下才得以生存，如此巨大的變動將從以下針對日本侵略戰爭的環境背景，主要分爲日本本土與中國殖民兩地區做深入整理與探討其對戰爭漫畫宣傳活動的影響。

## 一、日本本土的聖戰漫畫宣傳

「膺懲暴戾支那的聖戰」是日本政府爲侵佔中國領土，面對日本國民所提出的宣傳口號，這也是日本邁入軍國主義時代後，首次對其國民提出侵略

中國的藉口。日本自 1868 年明治維新之後，向西方取經逐漸發展成了一股軍國主義思想，並於 1889 年起開始令國家走上對外擴張、侵略亞洲各國的道路。日本自明治 27 年（1894）先是發動中日甲午戰爭，又於明治 37 年（1904）發動日俄戰爭，明治 43 年（1910）併吞朝鮮，之後，昭和 6 年（1931）九一八事變又佔領中國東北（日人稱爲滿洲），在這裡建立所謂「滿洲國」，不斷地討伐當地的抗日遊擊隊，並四處打擊抗日根據地，然後策劃佔領華北，最終引爆昭和 12 年（1937）七七事變。這場盧溝橋七七事變的戰爭是日軍有意擴張對中國侵略的另一個契機，日軍宣稱在北平近郊盧溝橋附近演習時候，遭到中國軍隊無端射擊，加上一名新兵「行方不明」，以此爲藉口下令反擊國民政府軍隊，揭開了中日雙方正式開打的局面，彼此也正式進入全面戰爭。雖然一開始時中國曾派宋哲元出面周旋，與日軍簽訂了停戰協定，但日本中央政府在陸軍強硬論者的干涉下，仍主張派兵進駐華北的提案，其目的是爲藉此分離華北，佔領北京、天津地區，同時也順勢打擊中國的士氣，以彰顯日軍的威力。

　　日本陸軍派兵進駐華北後，此時的華中上海地區情勢也日趨緊張，上海的中國勞工與學生掀起一股抗日民族運動的抗議活動，日方以保護日僑同胞安危爲名，不僅讓海軍介入，更從華北地區調派陸軍前往上海，使用武力予以鎮壓，於是爆發了八一三事變的衝突。日軍侵略上海不久，日本政府便趁機聲明表示對中國開戰的目的在於「膺懲暴戾支那，以促進南京政府的反省」，基於此項聲明，日本政府將 1937 年到 1941 年之間的中日全面戰爭稱呼爲「支那事變」，表面說是爲了膺懲支那，其實卻是爲了實現日本軍國主義的野心，將中國納入殖民統治區域的一種手段。再者，稱其爲事變而不稱戰爭的用意則是爲了給自己的侵略行爲合理化和正當性，日本歷史學者藤原彰（1922～2003）提出其理由有二：一爲如果稱之爲戰爭，將沒有理由向美國等中立國購買武器及軍需用品；二是爲了對日本國民明示戰爭、派兵出征一個合理的交代。〔註2〕

　　七七事變是讓中日之間的關係進入全面戰爭的轉戾點，日本政府與軍部這時候開始積極規劃派兵擴大戰爭局勢，一連串大規模的動員，必然使日本國內充滿戰爭的氛圍，爲了向國人招兵買馬，也爲了讓日本國民支持戰爭並

---

〔註2〕　藤原彰，陳鵬仁譯，《解讀中日全面戰爭》（臺北：水牛出版），1996/11，頁16。

且煽動他們對戰爭的狂熱氣氛，日本政府決定全面控制日本本土所有媒體傳播包括報紙、雜誌與廣播等管道以及限制文藝界對所有文化活動的推廣，所報導以及刊載的內容須獲得中央軍部的同意，必須配合軍國主義思想，不能脫離戰爭資訊消息。當時這些傳播媒體如報社、出版社、通信社和廣播電台等，受到日本政府強烈的干涉，幾乎都是被動式的被日本政府要求負責人必須舉國一致的參與合作，統一於「膺懲暴戾支那」的強硬論，鼓吹支持所謂「聖戰」的報導與宣傳，凡是提倡反戰與和平的議題，通通都會被日本政府強制打壓，就連在報社與出版社服務的漫畫家也必須被這種環境限制所約束，唯有順從國家政府與軍隊的體制方針的漫畫才能獲准發表。因為如此，在當時街角的書報亭幾乎很難找到一本與官方觀點不同的刊物，再加上長期戰爭消耗了日本大量資源，許多出版機構也因受到經濟打擊紛紛倒閉關門，以致於直到戰爭結束，日本漫畫界的發展與創作一直停滯不前。

日本侵略中國之初，曾在 30 年代以前流行於日本的漫畫單行本，由於被視為是娛樂消遣的奢侈品而被禁止發行，取而代之的是當時由政府軍部強制委託漫畫家繪製有關從軍作戰的漫畫明信片以及戰爭宣傳的漫畫雜誌和讀本，這些都是為了貫徹日軍侵略的野心，企圖對日本國民宣揚軍國主義思想，以便替「聖戰」做充足準備而推行的軍事教育的措施。漫畫明信片方面，自從日軍決定以武力侵略他國擴張自己的勢力，日軍特命漫畫家繪製一系列漫畫明信片作為戰爭思想宣傳工具的重要媒介，著名的漫畫家包括小野寺秋風（1895～1978）、荒井一壽（生平不詳）、松山文雄（1902～1982）及矢部靜水（生平不詳）……等人。早期侵略中國東北之時，有頗受歡迎的漫畫家荒井一壽所繪的《海軍生活教育漫畫》與《軍隊教育漫畫營內生活全集》（圖 3-1），矢部靜水所繪《長野軍隊教育畫解馬與士兵》與《長野軍隊教育畫解爆笑兵》等，這些軍事郵便明信片主要用途是用來販售以籌備軍事費用，同時具有推廣軍事活動的功用。其內容全都是介紹有關軍人在軍隊中一切生活作息與演習過程，荒井一壽與矢部靜水擅長以溫暖輕鬆且幽默詼諧的風格描繪原本該是嚴酷的軍隊生活形態，從入伍到退伍過程，軍人與同袍間相處融洽的點點滴滴，包括大夥兒如何團體度過起居生活；如何接受訓練、襲擊、演習；如何進入中國作戰……等等，任何細節都鉅細靡遺呈現出來。之後，進入中日全面戰爭甚至後來擴大到太平洋戰爭，日本這些宣導軍國主義思想的漫畫宣傳明信片依然沒有中斷，更多了描繪侵略東南亞期間的漫畫內容，例如小野寺

秋風所畫《大東亞戰陸海皇軍南方進擊》（圖 3-2）與松山文雄所畫《陸軍少年飛行兵》，描述在南洋戰場上日本陸海軍以及飛行兵英勇作戰的紀錄，還有戰場上獲得勝利的慶祝活動……等等，以清晰明辨的漫畫內容介紹軍人英勇上場的戰績、精湛的勝利戰術以及深受東南亞百姓歡迎的場面，這些宣傳內容明顯是想得到國人對「聖戰」的認同與支持，並且接受軍國主義的思想，對軍隊產生一股崇敬與景仰之心，藉此吸引更多青年人自願入伍為國家犧牲奉獻。

圖 3-1　《軍隊教育漫畫營內生活全集》封面

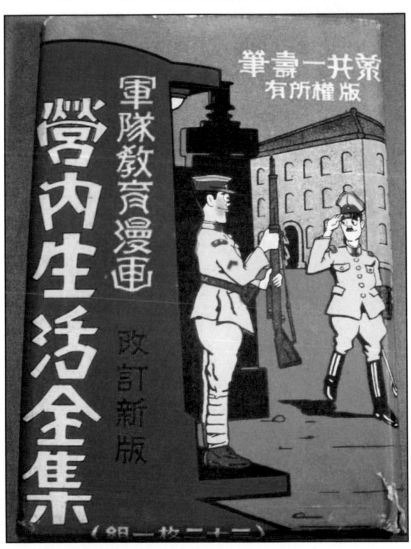

荒井一壽，昭和初期，漫畫明信片， 32 張。

圖 3-2 　《大東亞戰陸海皇軍南方進擊》封面

小野寺秋風，太平洋戰爭期間，漫畫明信片，16 張。

　　就漫畫雜誌讀本方面而言，戰前日本的大眾雜誌販售早已根據讀者對象
實施具體的屬性分類，分有幼年、少年、少女、青年、女性、成年等類型，
隨著讀者屬性的多元，其內容同樣也五花八門，包括文章、圖片、漫畫等呈
現形式，各有各的豐富主題性與多元化。大部分的文章和圖片主要介紹日本
風俗民情、撰寫文學小說以及趨勢潮流的流行資訊，而漫畫內容則以連載方
式刊登漫畫家描繪的故事情節，其中漫畫連載大多出現在幼年及少年、少女
屬性的雜誌居多，如著名的大日本雄辯會講談社（大日本雄弁會會講談社，

1914～1946）的《幼年俱樂部》、《少年俱樂部》和《少女俱樂部》。後來，日本侵略中國期間，依據國家軍事的需求，這些大眾雜誌遂成爲了侵略戰爭宣傳的管道，尤其進入中日全面抗戰時期，日本政府強制介入雜誌的創作與出版，所有的內容刊登都必須順從政府與軍部的方針才能發表在雜誌裡頭。針對青少年以下年齡層的孩童們，日本政府決定以漫畫形式來對他們進行戰爭漫畫宣傳，因此內容必須結合戰爭主題，目的是要對他們進行教化與宣導戰爭的目的和意義。

　　戰爭初期，日本連載漫畫內容總是將主角設定成爲日本勇士與軍隊一起出生入死，贏得最後戰勝的場面。這樣的故事情節著重於軍事教育的宣傳無非是想要使國民能夠支持日本出兵戰爭。以知名《少年俱樂部》爲例，每一期內容固定有幾篇連載漫畫，吸引一群青少年注意而深受歡迎。在軍國主義時代，爲了迎合當時日本發動侵略戰爭也就是「聖戰」的需要，漫畫情節加入了許多英勇軍人的表現，甚至塑造許多英雄人物的形象，以及後來推行「大東亞共榮圈」的理念，灌輸更多美化日軍暴行的思維。《少年俱樂部》期間發表的連載漫畫包括田河水泡的《野狗二等兵》系列漫畫（のらくろ，1931～1941，圖 3-3）是當時最受歡迎的人氣漫畫，從昭和 6 年（1931）開始在《少年俱樂部》連載，連載了 9 年（1940），以擬人的手法、詼諧的劇情描述一隻野狗成爲職業軍犬當兵作戰的故事內容，甚至因爲立了各種大功，最後晉升到大尉（上尉），一共刊載了十冊。這十本漫畫故事延展分別根據日本侵略中國的事件進行呼應描繪，從九一八事變、一二八事變、僞滿洲國之成立、盧溝橋事變、占領南京、武漢、廣州、海南島，以及汪精衛政權之誕生……等等，都出現在《野狗二等兵》的故事情節之中。陳鵬仁教授曾表示，野狗漫畫在那個時代大受歡迎，看的少年少女實在太多太多，就連他也從野狗二等兵一路看到其晉升上尉。有趣的是，抗戰爆發以後不久，上海中華書局小朋友文庫第一集《猛犬軍隊‧智勇的小黑》，作者項文薰（生平不詳）把野狗改名爲小黑，太陽旗則變成白旗，描繪小黑爲抗日戰爭拼命奮鬥的故事，相信這個漫畫也帶給中國小朋友很大影響［註3］；島田啓三（1900～1973）的《冒險灘吉》（冒險ダン吉，1934）系列漫畫（圖 3-4），描繪冒險少年灘吉流浪於海外，深入東南亞，歷經許多冒險的故事情節，和日本政府提出「南進論」

〔註3〕　*石子順*，《*日本の侵略、中国の抵抗──漫画に見る日中戦争時代*》（東京都：大月書店），1995 年，頁 67。

的熱潮相互呼應；其他還有牧野大誓（1894～1967）的《無敵三槍士》（1934）、中島菊夫（1897～1962）的《日之丸旗之助》（日の丸旗之助，1935）……等等。這些漫畫皆反映了強烈的軍國主義思想。1940 年代以後，由於戰爭的擴張，日本政府提出新體制運動並組織「大政翼贊會」，國家進入全面戰爭體制，甚至由軍部所指導並與「建設漫畫協會」合作，繪製出《新體制漫畫讀本》（圖3-5）和《太平洋漫畫讀本》等書籍，以圖文並茂的形式明確傳達對戰爭政策的支持。除此之外，這時漫畫題材中開始出現孩童支持戰爭的狂熱宣傳（圖3-6），以及為配合禁止奢侈令鼓勵節約帶有呼籲宣導的漫畫作品。〔註4〕

圖 3-3　〈野狗二等兵〉

田河水泡，1931~1941，《少年俱樂部》，講談社。

---

〔註4〕 清水勳，《圖說漫畫的歷史》（日本：河出書房新社），1999 年，頁 69～71。

圖3-4　〈冒險灘吉〉

島田啓三，1934 年，《少年俱樂部》，講談社。

圖3-5　〈新體制漫畫讀本〉

加藤悅郎/岸丈夫/安本亮一共作，1941 年，大日本赤誠會出版局。

圖 3-6 〈月月金チャン〉

益子善六，1943/02，《少國民漫畫》，協榮出版社。

　　除了雜誌漫畫與讀本，報紙同樣也刊登漫畫連載漫畫或者四格漫畫，包括
東京日日報刊登和田邦坊（1899～1992）《我家太太》（ウチの奧さま，1931）、
田河水泡《燒賣先生》（ミスターシユウマイ，1932）、長谷川町子（1920～1992）
《老奸亨利》（ちゃかりヘンリー1937）、《米老鼠》（ミッキーマウス，1937）；
國民新聞刊登長谷川町子《阿米友》（ヒイフウみよチャン，1939）；朝日夕刊刊
登麻生豐（1898～1961）《只野凡兒》（只野凡児，1933/05）；讀賣夕刊的下川
凹天（1892～1973）《無軌道父娘》（1933/10）；朝日新聞的武井武雄（1894～
1983）《高格子》（赤ノッポ青ノッポ，1934）和《發明阿哈》（ハツメイハッチ
ャン，1935）、橫山隆一（1909～2001）《養子阿福》（養子のフクちゃん，1936）
和《江戶男兒阿健》（江戶ッ子健ちゃん，1936）、秋好馨（秋好カオル，1912
～1985）《佛利旭曼》（フレッシュマン，1936）……等等。報刊中的這些玲瑯
滿目的漫畫主題幾乎集中出現在 30 年代，40 年代以後因爲太平洋戰爭爆發，
國家經濟在每況愈下的情況下，報紙也逐漸消聲匿跡。〔註5〕

　　其實，1940 年代以後，由於日本和中國陷入長期持久戰的局面，導致日
本經濟發展出現了危機，影響到出版業缺乏原料的窘境，雜誌與書籍的用紙
顯得粗陋不堪，甚至於昭和 16 年（1941），日本決定與英美西方國家開戰後，

---

〔註5〕 清水勳，《日本漫畫史》（京都市：臨川書店會社），2007 年，頁 152～153。

經濟情況更加惡化，不久，日本基於經濟不佳加上奢侈令的限制，幾乎禁止大部分雜誌發行，只剩下由中央及軍部所統制的漫畫家團體尚有能力繼續出刊漫畫雜誌，例如昭和 13 年 6 月（1938），由「東京漫畫研究所」創刊的《卡利加利》（カリカレ，1938～？）（圖 3-7）；昭和 15 年 2 月（1940 年），日本中央成立「新日本漫畫家協會」所發行的雜誌《漫畫》月刊（1940/10～1944/12）（圖 3-8）；以及昭和 19 年（1944）「日本漫畫奉公會」出刊的《決戰漫畫輯》（1944）……等等。〔註6〕內容均以太平洋戰爭的時局漫畫作為題材，除了繼續提出「大東亞共榮圈」的遠景，宣揚軍國主義的愛國思想，其中有大量的漫畫內容都是在嘲諷中國國民政府以及英美等國家，甚至提出擊滅英美作為漫畫主題重點，不是表現西方領導人野蠻體弱的假像，就是敗北倉皇而逃的假消息，藉以加深日人對中國與西方國家不好的印象。

圖 3-7　《卡利加利》封面

作者不詳，1939 年，第 2 卷第 6 號，東京漫畫研究所。

〔註6〕　同上，頁 146～150。

圖 3-8 　《漫畫》封面

作者不詳，1943 年，第 30 期，大政翼贊會宣傳推廣部。

　　自日本提出「聖戰」口號開始侵略中國，爲了取得民眾能夠全力支持戰爭，受到大眾歡迎的漫畫自然也就成爲戰爭宣傳的重要傳播工具，從起先強制民間出版社與漫畫家必須依照軍部命令爲戰爭教育做宣導的準備，到了太平洋戰爭爆發，爲了美化日軍的暴行，更是幾乎全面禁止漫畫雜誌讀物的出版，僅交由政府統籌規劃指派漫畫協會負責進行戰爭漫畫宣傳，這時候的漫畫完全由中央掌控，失去了爲大眾服務的意義，而是單純爲國家進行宣傳戰的義務工具。姑且不論受到控制的戰爭漫畫宣傳成效爲何，這種強制作風只爲達成國家的野心，卻也是日本漫畫發展在戰爭時期變得蕭條凋零的重要因素之一。

## 二、中國淪陷區的統制漫畫宣傳

　　昭和 12 年（1937）一年之內，日軍以「膺懲暴戾支那」的口號不僅佔領華北、華中地區，更計劃南下進攻華南地區，年底先是佔領南京，南京淪陷後隔年年初又發生徐州會戰，日軍率隊挑明要沿著國民政府的遷徙路線進攻，希望儘快逼迫國民政府投降，以爲中國抗日戰爭就會停止，結束這場侵略並佔領整個中國的作戰目的，這樣的想法讓日軍決定延長戰線，以速戰速決的決心，再次給予中國政府一擊，於是昭和 13 年 6 月（1938）起開始進攻武漢，以消滅國民軍隊之主力爲目標，雖然同年 10 月 27 日，日軍發佈完全佔領武漢三鎮的消息，但是該戰役共進行了四個半月，是整場戰爭中時間最長、規模最大和最出名的戰役。同時也是損耗日軍動員最大規模兵力的作戰，由於日軍戰線拉的太長，影響到軍力物資及經濟的調配，即便佔領中國沿岸和重大都市，也無法遏止中華民族長期抗戰的決心，於是日本決定暫緩對中國的積極作戰，不再擴大佔領區域，同時將佔領地區分成治安區域和作戰區域，中日關係從此進入長期持久戰的對峙階段。

　　因爲武漢作戰的耗損，讓原先欲以軍事武力屈服中國的方針，轉變爲無止盡之持久戰的結果，隨著戰爭的延長，使得日本政府瞭解只是以「膺懲暴支」的口號，已經很難鼓動日本國民們繼續支持戰爭，若想要持續推動侵略的野心並向國人有所交代，政府勢必得更進一步地對國人提出中日戰爭的意圖和目的，遂於昭和 13 年 11 月 3 日（1938），日本第二次近衛內閣聲明，提出新口號以號召建立一個「大東亞新秩序」爲理想，表示日本參與戰爭之目的，在於確保東亞安定的新秩序，並且樹立日滿中三國相互提攜，建立政治、經濟、文化等方面互助連環的關係，而中日戰爭的最後目的亦在於此。〔註 7〕這項聲明不僅是向國人交代戰爭的新目標，同時也是對中國提出呼籲，願意將國民政府納入分擔建設東亞新秩序的一員，藉此向中國開出一條和平道路，試圖就此解決中日交惡的關係，有了這層新的計畫目的，日軍決定先從淪陷地區加強宣傳「大東亞共榮圈」的幻想理念，於是日本政府一邊統治管理在華殖民地，另一邊著手進行南進攻略東南亞的野心。

　　日軍自侵略中國以來，陸續佔領了東北、華北、華中、華南等地區，日本政府認爲要想控制淪陷區的中國人不會造反並對他們進行思想改造，除了長程

---

〔註 7〕　藤原彰著、陳鵬仁譯，《解讀中日全面戰爭》（臺北：水牛圖書出版社），1996/11，頁 215。

的教育奴化計畫，應同時進行短程的洗腦計畫，即利用媒體工具隨時進行宣傳活動。因此，日本軍隊不僅掌控淪陷區域中都會城市的新聞通訊、傳播媒體以及出版機構，甚至統制這些單位所發行的報紙、雜誌進行所謂策反宣傳的工作，以不實誇大的惡劣消息攻擊國民政府與共產黨份子，或是提倡中日親善的虛偽假像、大東亞共榮圈的幻想遠景，就連漫畫家也受到漢奸控制，只能創作相關題材做為宣傳作品，以當時華北的《北京漫畫》、《中華漫畫》雜誌和華中的《中國漫畫》雜誌為例，這幾份漫畫雜誌都是透過日偽政府的控制，在日本軍部指派顧問的主導與支配下，利用文化漢奸所主辦的漫畫畫報。

昭和 15 年 6 月（1940），華北的《北京漫畫》雜誌創刊於北京，是北方淪陷區出版時間最長的漫畫畫報，由偽「中華民國臨時政府」治安部的武德報社〔註8〕所編輯發行，每月出版一期，直至昭和 18 年 9 月（1943）出版至第 4 卷第 9 期後停刊。所涉及漫畫內容包羅萬象有時事、政治、趣味、風俗等漫畫，還有漫畫理論、漫畫消息等文章，其中時事、政治漫畫部份，由於這個時期是日本對中國戰事進入膠著的階段，因此日本態度也由作戰優先的宣傳報導，轉向文化思想的改造宣傳，亦即對民眾推廣「大東亞共榮圈」理念的建構，以《北京漫畫》刊物為例，如同其他雜誌內容，是以中日親善的形象、鼓吹東亞建設之理想以及批判歐美國家欺侮亞洲民族的的宣傳策略作為同化中國民眾的理由。例如昭和 18 年 3 月（1943）出刊的《北京漫畫》封面題名〈興亞大路之開拓〉（圖 3-9）與〈中國參戰〉（圖 3-10），前者作品是以建立大東亞共榮圈的理念，試圖拉攏中國民眾，號召全體動員加入建設新東亞的行列，因此畫面中描繪中國人拿著開闢興亞大路的工具，旗鼓吶喊朝著目標前進；後者作品則鼓吹中國參戰，這裡並非指國民政府加入同盟國組織的訊息，而是針對淪陷區偽政府的立場，表明日本以大東亞解放戰爭的原因，「在求東亞各國民族包含中國的徹底解放，亦即為了完成中國的『生存』和日本的『發展』」〔註9〕，既然中國是東亞共榮圈的重要一員，就有義務參與大東亞戰爭，合力清除英美在東亞的侵略勢力。到了昭和 19 年（1944），該刊於 2 月 15 日改頭換面出版了《中華漫畫》。雖然名稱改變了，但它的基

---

〔註8〕 設於臨時政府的治安部於 1938 年 9/15 創刊《武德報》旬刊。早期主要供偽政府單位內閱讀刊物，後來出版方針轉為文化性業務，轉向以大眾為對象開始大量出版，於是成為華北最大定期刊物出版發行中心。

〔註9〕 《北京漫畫》（北京：武德報社），第 4 卷、第 3 期，1943/03。取自《民國漫畫期刊集粹》，北京：全國圖書館文獻縮微複製中心，第 10 冊，頁 54。

本編輯及漫畫創作團隊仍然是原班人馬，由漫畫界的文化漢奸們組織的「華北漫畫協會」編輯，武德報社發行，直至 5 月第 4 期後停刊。版面編輯與內容方式不變，時事與政治漫畫依舊將重心放在擊滅英美的目的作爲主旨，例如創刊號封面（圖 3-11）描繪拿著聖經的美國基督教傳教士以及拿著錢袋的英國經商人士，說明英美國家涉入東南亞洲並佔領殖民的陰謀，純粹是爲了個人利益，因此畫面直接諷刺美國是爲傳頌基督教義以及英國是爲金錢利益作爲對歐美國家的毀謗；另外，昭和 19 年（1944），5 月份月刊的封面（圖 3-12）同樣以英美兩國作爲主題，兩條被繩子捆綁的大頭蛇，其頭上各自貼了象徵國旗的貼布分別代表英國與美國，綑綁的布繩、腫起的大包以及刺身的刀子上分別寫著對日作戰、對德作戰、國內問題、對蘇問題，暗喻英美兩國作繭自縛將自己陷入內政與外交兩難的窘境。

圖 3-9　〈興亞大路之開拓〉

江常，《北京漫畫》封面，1941/08/01，第 2 卷第 8 期，武德報社編輯。

　　至於華中地區，昭和 17 年 10 月（1942），文化漢奸於南方淪陷地區上海創刊《中國漫畫》雜誌，由曹涵美主編，中國漫畫社編輯發行，直至昭和 18 年 5 月（1943）第 6 期後停刊。上海地區受到特殊地理優勢，報社、出版社林立，這裡一直是報紙、雜誌發刊的極盛地區，因此，當日本佔領上海後，便繼續持用上海原有的出版資源與特性，作為日本提倡「大東亞共榮圈」的宣傳主軸。《中國漫畫》雜誌與華北的《北京漫畫》、《中華漫畫》相互呼應，每一期所發表的圖文主題包括粉飾太平、鼓吹東亞樂土、共同建立東亞新秩序、醜化美英中蘇聯等反法西斯陣營、以及鼓吹日德義同盟的所謂友誼與戰果等內容。由上述內容使我們瞭解，在日本佔領中國地區，統治尚未步入軌道之時，在語言不通以及教育落後的區域，使用這些充滿諷刺與批判性並為侵略合理化的漫畫內容作為戰爭宣傳管道，有其必要性的存在意義。

圖 3-10　〈中國參戰〉

作者不詳，《北京漫畫》封面，1943/03/01，第 4 卷第 3 期，武德報社編輯。

圖 3-11　〈無題〉

作者不詳,《中華漫畫》創刊號封面,1944/02/15,第 1 卷第 1 期,華北漫畫協會編輯。

圖 3-12　〈無題〉

作者不詳,《中華漫畫》封面,1944/05/15,第 1 卷第 4 期,華北漫畫協會編輯。

## 第二節　侵略漫畫宣傳的推行管道

### 一、中央政府軍國主義的統制

　　自日本走入軍國主義道路，爲了完成日軍侵略與殖民的野心，日本政府大力推行各項強制活動，其中更是採取思想統制手段，要求日本人民支持聖戰並且配合戰時共體時艱，於是提出了「國民精神總動員運動」，並且成立「大政翼贊會」組織。這套思想統制的控制以操縱群眾爲主要目的，就連漫畫家們也身陷其害，必須配合日本政府的做事行爲，運用漫畫宣傳達到軍國主義思想的效果，究竟這種被動式控制人民的手段帶來多少效應，或許有待考察，但中央政府利用這套思想統制機制對當時控制漫畫家以及推動侵略漫畫宣傳仍具以一定的影響力，以下深入介紹。

#### （一）國民精神總動員運動

　　日本計畫全面侵略中國後，需要大批士兵爲政府賣命，但只有「膺懲暴戾支那」的口號，沒有正當理由驅使日本國民赴戰場，實無法讓他們能夠像中國百姓那樣爲自己國家抗戰採取自動自發的行爲。因此，當時的日本政府近衛內閣決定要發動國民思想動員運動作爲政府的政策，昭和 12 年 9 月 11 日（1937），近衛內閣在東京日比谷公會堂舉行國民精神動員大演說會，並透過收音機向全國廣播，希望藉此鼓動國民支持戰爭的熱情，加強國民的決心和貫徹戰爭的目的，提倡所謂「國民精神總動員運動」，自此日本本國遂進入了戰時實行軍國主義統制的開始。〔註10〕

　　中央政府除了公開演講，還有下達系列措施以徹底實施這項運動，提倡相關活動，像是利用特定節日或者慶祝攻陷支那某地區等名義，做爲精神運動的一環，爲其設置強調週，命令或強制動員全體學生、社團、普通百姓參加儀式和遊行，例如昭和 13 年 10 月 27 日（1938），日軍發佈完全佔領武漢三鎮的消息，逐一廣播、號外等將其傳遞至日本全國，日本政府宣佈隔日爲國民慶賀的日子，天一亮，全國國民便參拜神社、家家戶戶插國旗，學校、公司行號、公家單位都舉辦慶典，百姓手舉小國旗、提燈等祝賀遊行，沿街歡呼慶賀。如此大費周章的慶祝，就是爲了重新宣傳天皇制的意識形態，讓

---

〔註10〕藤原彰著、陳鵬仁譯，《解讀中日全面戰爭》（臺北：水牛圖書出版社），1996/11，頁 148。

國民接受戰爭的事實以及勝利的喜悅，以達到思想教化的目的。〔註11〕

　　既要提倡「國民精神總動員運動」鼓吹國民支持戰爭的熱情，且得到國民的認同，間接地就要控制輿論，企圖根絕批評戰爭的意見，加強鎮壓言論和思想。這是日本政府統制言論的第一步。昭和12年11月9日（1937），日本企劃院提出國家總動員法要綱，必要時對於一切物資的統制運用以及國民徵用，勞動條件的限制、報紙的發行及其他部門，國家得與以統制與徵用，不依法律政府得以勒令行之。〔註12〕這項規定，嚴重影響文藝界的生態，凡事不站在軍國主義意識形態的立場，尤其批判政府與戰爭或是提倡和平的文藝人士，均遭受極嚴格的鎮壓。隨著戰爭的擴大和長期化，政府的暴虐政策和軍事擴張波及影響到日本人生活的每一個領域，給予國民思想的統制和鎮壓更加強烈執行，尤其針對抨擊戰爭的自由主義者，就連漫畫界人士也不例外。

　　毫無疑問地，漫畫界人士也是成為日本政權壓迫的最早對象，這是因為昭和時期以前的日本漫畫界本來就以諷刺政府和反建制內容作為創作主軸，隨著日本進入戰爭體制，政府為「國民精神總動員運動」採取輿論控制，對任何人的言論和思想都要求做到嚴格規管。同時日本軍國主義為爭奪更多資源和控制政治力量，企圖對亞洲統治戰爭的行為提出合理化，日本軍方逮捕不少有反戰、反法西斯思想的前進人士，導致當時漫畫家只有兩種選擇，看是要屈就於軍政府的權威，為軍國主義思想宣傳侵略漫畫，還是要冒著生命的威脅，逃離日本到海外繼續宣揚和平反戰，這說明了當時日本漫畫家並無自由可言，一切都得聽從政府軍部的要求才算數。

### （二）「大政翼贊會」組織

　　昭和15年（1940）起，日本政府為了擁有強大的政治力量，必須使國民組織化，以建設高度的國防國家、解決日中問題、建立政治新體制為綱領，開展新黨運動，從而開始了新體制運動，於是同年10月12日成立了「大政翼贊會」組織，在二次大戰期間，以一黨專制模式統治日本，所謂「翼贊」，就是「幫助天皇」的意思，而「大政翼贊會」則是國民總動員體制的核心組織，負責建立由上而下的統治和動員機構，通過「上意下達」、「下情上通」，對百姓採取鄰保制度組織化，並且引導國民的思想精神運動。尤其對加強教

〔註11〕藤原彰著、陳鵬仁譯，《解讀中日全面戰爭》（臺北：水牛圖書出版社），1996/11，頁200。
〔註12〕同上，頁163～165。

育統制並徹底鎮壓思想都比過去更爲重視。爲了使教育制度合乎新體制運動的改革，除了徹底壯丁的思想教育，提高基礎知識和增強體力，以達軍事目的，另外特地增訂教科書，刊載《今上天皇的即位》、《國民覺悟》等文章，以灌輸盡忠誠、愛國的思想；至於鎮壓思想方面，隨著戰爭長期化，取締國民思想和對國民教化對策日趨嚴格，不僅查封禁書，12 月 6 日中央政府設立了情報局，以作爲統制思想的中心機關，統括日本國內與國際一切報導統治、宣傳、取締和檢查，從事思想宣傳和指導報導，由於取締的很徹底，報紙和雜誌幾乎都是經由政府所指導的報導，不論文章內容還是圖畫作品。〔註 13〕

對於新體制運動影響日本漫畫的發展，不僅僅只對戰時中央雜誌、報紙中所載的漫畫內容要求限制與戰爭有關的報導消息，就連民間的出版物只要跟戰爭宣傳作品無關的漫畫雜誌幾乎都被禁止發行，主要是因爲日本軍部認爲過去所發行的漫畫乃屬於消遣娛樂的對象，自 1940 年起，日本政府頒佈禁止奢侈令開始，即要求民眾降低消遣娛樂的浪費，此舉直接衝擊到漫畫刊物的發展，再加上戰爭消耗大量資源致使經濟蕭條等因素，除了支持戰爭漫畫宣傳品之外，這些沒有其他發展空間的漫畫出版社只好紛紛關閉，漫畫界也幾乎癱瘓呈現一片蕭條，讓曾經一度流行的日本漫畫就此停擺，直到戰爭結束爲止。

整體而言，二次世界戰爭爆發前後，漫畫創作已經轉向爲戰爭服務的藝術表現，全世界任何一個國家的漫畫都跟著迎合戰爭目的而存在，成爲戰爭宣傳品的一環，不論是受害國或是侵略國，各國漫畫家都紛紛站在陣線上，爲自己國家付出心力。從日本戰時漫畫發展看來，自中日全面戰爭到二次世界大戰期間，在當時受到日本政府採取軍國主義統制的社會環境下，不論是自願或是被迫的漫畫家們是不能夠有自己的想法與創造力，也就是說，這時候的日本漫畫界已經失去了自主性。那些選擇繼續爲政府部門工作的日本漫畫家，只能爲戰爭服務，他們的工作有的是駐紮在當地專門繪製宣傳愛國主義漫畫，把侵略戰爭宣傳爲「聖戰」；或者徵召到戰鬥前線繪製與戰爭有關的宣傳漫畫；又或者利用心理戰術的漫畫來打擊對手信心，間接擊垮當地民眾和敵軍的防線。實際上，在日本政府操控的背景下，這些漫畫內容反而給人僞善、虛假的印象，而且千篇一律更顯空洞不實。

〔註 13〕江口圭一著、陳鵬仁譯，《中日十五年戰爭小史》（台北：幼獅文化出版社），
　　　　 1996,12，頁 309～311。

### （三）中央控制漫畫團體組織

　　昭和 15 年 8 月（1940）開始，日本政府為了宣導「大政翼贊會」組織的宗旨，國民精神總動員中央內部舉辦了漫畫家座談會，要求以漫畫協助政府軍事推廣，更統合了早先所成立的「國防漫畫聯盟」、「漫畫協團」、「三光漫畫團」、「新銳漫畫團」及「新漫畫派集團」等各團體，重新整頓統一組織了「新日本漫畫家協會」，以「成為日本新體制建設運動之文化協助者，也就是新時代漫畫家」﹝註 14﹞作為該組織的目標，其中所創建的會刊《漫畫》就帶有相當濃厚的軍國主義色彩。另外，隨著戰爭逐漸惡化，為避免士兵削弱士氣，昭和 18 年（1943）夏，日本軍隊中海軍也成立了所屬的「大東亞漫畫研究所」；陸軍則成立了「報國漫畫研究會」，這些部門聘請專業漫畫家並派往各地製作戰爭所需的漫畫宣傳傳單、提升軍人戰鬥力的宣傳海報，或是製作慰問袋的漫畫，用以撫慰作戰的士兵們。﹝註 15﹞

　　除了中央政府組織漫畫團體，地方上支持政府的漫畫家們也陸續成立了團體，並獲得「大政翼贊會」大力支持，例如昭和 15 年（1940）由加藤悅郎等人成立「建設漫畫會」，還有 1943 年由北澤樂天、岡本一平等人成立了「日本漫畫奉公會」，並且以「使全日本漫畫家打成一片，以確立強大一元化體制，以其全力為完成國家目的而犧牲。」﹝註 16﹞為該會的主旨。「大政翼贊會」組織除了發表有關聖戰的漫畫宣傳、教導描繪漫畫宣傳作品，更迎合政府製作了《邁向勝利之道》的政治宣傳漫畫書；至於「日本漫畫奉公會」同「建設漫畫會」一樣發表聖戰必勝的漫畫宣傳作品，還有巡迴各地舉辦「決戰漫畫展」以及出版《決戰漫畫集》。﹝註 17﹞由此顯見，戰時的漫畫家被強制團結一起為國家效力服務，日本漫畫界已經失去了自主性，凡是成立的漫畫組織或發表的漫畫內容幾乎都為政府或軍方所把持，被動或半被動式的為戰爭服務，毫無例外。

---

﹝註14﹞陳仲偉，《日本漫畫 400 年：大眾文化的興起與轉變》（台中：東海大學），2009/05，頁 80。

﹝註15﹞同上。

﹝註16﹞井上祐子，〈戰時下の漫画——新体制期以降の漫画と漫画家団体——〉，《立命館大学人文科学研究所紀要》，日本：立命館大学，2002/12，頁 117。「全日本漫画家を打って一丸とした強力なる一元化体制を確立し、その総力を挙げて国家目的の達成に粉身する」

﹝註17﹞清水勳，《圖說漫畫的歷史》（日本：河出書房新社），1999 年，頁 69～71。

## 二、日本偽政府以華制華的殖民統制

中日戰爭爆發，日本極力想要接收中國領土上的一切資源，爲避免中國人積極反抗日軍，影響佔領計畫，於是想出以華治華的手段，藉由這些親日漢奸之手，推行奴化教育的殖民政策，同時利用宣傳體制灌輸殖民百姓向日本投靠的意願，企圖消除中國民眾的心防。追根究底就是要摧毀中華民族的國家觀念與民族意識，意圖使中國永遠成爲日本帝國的殖民地。

### （一）日僞政府的奴化控制

日本侵華期間，出現第一個偽政權是在九一八事變後，日軍佔領了中國東北三省，隨即於隔年昭和 7 年 3 月（1932）找來清末皇帝溥儀擔任元首，扶植一個傀儡國家滿洲國，控制僞滿漢奸協助日本在中國東北瘋狂搜刮戰爭資源，並大肆進行殖民奴化教育，帶給東北人民無限深淵的痛苦。接著，日本全面侵華戰爭期間，積極以軍事活動陸續佔領了華北、華中、華南一帶，除了佔領大片領土，也爲了徹底毀滅中國的民族意識，日軍在政治上採取以華治華、分而治之的政策，於是每佔領一塊區域，便扶植出一個偽政權。在汪偽政權尚未建立前，日本在華扶植的偽政權主要有三個，分別是昭和 12 年 12 月（1937）任命中國舊軍閥王克敏爲行政委員長，於北京成立僞「中華民國臨時政府」；昭和 13 年 3 月（1938）在南京炮製了以梁鴻志爲行政院長的僞「中華民國維新政府」；昭和 14 年 9 月（1939）則將蒙疆各自治區合併，於張家口成立了僞「蒙古聯合自治政府」，日本關東軍找來李守信擔任行政長官。〔註 18〕這三個偽政權各處一方，都是日本在其佔領區實行統治與掠奪的工具。最後，當日本占領了華南地區，同一時間對蔣介石進行誘降工作失敗後，決定轉而誘降汪精衛，以期許和平解決中日關係之理由，說服汪精衛出面提倡和平運動，並於昭和 15 年 3 月（1940）在南京正式成立僞「中華民國國民政府」，更促成日汪勾結愈加密切的關係。

這些偽政府之成立目的，主要是幫日本政府統治中國殖民百姓，以日語作爲同化，以思想作爲奴化的方式對待中國民眾，其目的在於強化推行殖民奴化教育並且灌輸親日賣國思想。最初時候，爲了實行同化政策，日本在中國設立的學校裡強制推行日語與德育課程，聲稱日語教育目的是爲促進中日的文化融合、互相親善、共存共榮，永遠維持遠東和平，但實際上推動日語

〔註18〕齊紅深編，《日本對華教育侵略──對日本侵華教育的研究與批判》（大陸：北京崑崙出版社），2005,06，頁 63、77。

教學是希望殖民百姓能夠透過日本教育，學習日本語言、風俗民情，有助於對日本國更加親近，以減低他們的排日情緒；至於德育課程則是推崇王道精神的教育宗旨，希望通過德育思想，馴服中國人成爲日本皇國良民，以杜絕中國人的抗日活動，心甘情願接受日本帝國主義的奴役。儘管日本提供中國殖民教育機會，但對中國同化政策的背後，其實是建立在愚民政策上的奴化教育，對待中國人的教育絕不比對日本來的熱誠，教學內容反對知識教育，只著重效忠於日皇思想精神以及具備某種技能和健強體魄的熟練勞動力，其重點只是想把中國培養成愚昧無知、順服的奴隸對象而已。

### （二）組織宣撫班與漫畫協會團體

　　僞政府所實行奴化教育並不只是落實在校園裡的學童與青少年身上，同樣地，他們還替日本利用廣播、報刊、書籍、電影等傳播媒介以及各項社會文化活動的宣傳手段去對社會民眾進行奴化思想的教育，以大量散播方式滲透到社會生活各個層面，其中漫畫宣傳作品便是透過這樣的管道傳播到民眾手裡，成爲殖民地區作爲奴化思想散播的重要媒介。昭和 13 年（1938），僞政府透過日本海陸軍設立的直屬機構「宣撫班」，在中國淪陷區進行「宣撫」活動，被視爲「思想宣傳戰」的主要形式和途徑。日本人中山義郎在 1938 年3 月發表的《左翼轉向者所看到的北支》中寫道：「在皇軍進駐的地方，無論何處都可以看到宣撫活動。我們旅行所到之處，到處都張貼著宣撫班搞的宣傳畫和傳單。只有這種和皇軍的威武相伴隨的宣撫工作，才雄辯地說明這次戰爭不單是攻擊和侵略，也是促使支那民眾反省，並重新握手的前提。」〔註19〕此段話說明「宣撫班」的任務與目的，在當時身穿日本軍服、佩帶「宣撫」徽章的成員們隨著軍隊行動，前往中國各淪陷區，甚至下鄉，深入農村，沿途所到之處皆派員進行演講、表演話劇、舉辦美術展覽、散發漫畫宣傳單、張貼文字標語……等等，所做的行徑都與中國抗日宣傳隊一樣，唯一不同的地方在於執行的目的性，中國是爲宣傳民眾掀起民族意識共同抗敵，而日本卻是爲侵略目的，利用奴化教育進行宣傳。「宣撫班」執行這些活動內容幾乎採用欺騙式的宣傳手腕，造謠惑眾來欺瞞無知的老百姓，同時也爲日本侵略軍收集、提供情報，離間、破壞民眾和抗日軍隊的關係，以及清除與抗日宣傳有關的書籍、標語、漫畫宣傳品等。其主旨在於「促使支那民眾反省，並重

---

〔註19〕吳繼金，〈抗戰時期日軍對中國開展的美術宣傳戰〉，《黨史博覽》，第 11 期（大陸：北京出版社），2012。

新握手的前提」〔註20〕鼓吹中日親善的和平、彰顯淪陷地區成為祥和樂土的假象、宣揚日本侵略的戰績、詆毀中國政府抗日救國的義舉等，實乃為了鞏固日本在中國淪陷區的殖民統治，使其成為穩固的後方基地。例如昭和13年10月（1938），日本侵略軍佔領武昌縣後，在全縣各鄉駐紮「宣撫班」負責推行奴化思想教育，一方面組織維持會，在各個大街小巷和村口張貼親日標語與漫畫宣傳圖像，並呼喊反動口號，如「日中親善」、「共榮共存」等等；另一方面，逼迫學生學習日本話語言和文化，嚴禁提及愛國思想與抗戰言論。中國這些淪陷地區在受到日本長年累月的奴化宣傳和教育驅使下，不僅摧毀青少年的身心健康，也已逐漸麻痺人民的抗戰意志，可見「宣撫班」執行這些活動在日本侵華戰爭中，對於控制民眾思想行動起了相當大的作用，同時也受到了日本軍方及日本國內的普遍關注。

推行漫畫宣傳的組織除了派遣日軍組成的「宣撫班」成員，另外，日軍也在中國領域統制了漫畫出版的管道，利用漢奸召集中國漫畫界成員組織協會並且出面策劃親日政權主題的宣傳活動。以華北殖民地區為例，昭和13年2月17日（1938），利用中國偽漢奸漫畫家於北京成立「黑白漫畫協會」，會長王野農，會員有陳震、王青芳、孫之、張振仕、穆家麒、梁津、袁宜庵、王城隸等人，大會成立目的以多人互相學習，彼此取長補短來進行漫畫創作研究，日方更派日本名漫畫家堤寒三蒞臨協會互相觀摩，力倡文化交流，透露出日方控制漫畫之用心；昭和15年3月17日（1940）成立的「北京中日漫畫協會」，同樣也由日本人參與顧問；昭和18年12月3日（1943），在指揮當局的援助下組織「華北漫畫協會」，由情報局長管翼賢任會長，這個協會頗受當局重視，不僅出版《北京漫畫》、《中華漫畫》等刊物，其內容雖然以生活風俗漫畫作品居多，但其中仍有編輯刊載有關大東亞共榮圈的漫畫宣傳作品及少數反共、反蔣、反英美漫畫雜陳其間。除此之外，該協會也舉辦了多項展覽活動，如昭和18年（1943）的「慶祝國府還都三周年紀念漫畫展」、「擊滅英美壁畫展」；昭和19年1月（1944）舉辦街頭漫畫展，同時在各報刊大量刊登漫畫作品；同年的「參戰紀念街頭漫畫展」……等，這些展覽都是替日本侵略國進行反共、賣國和侵略戰爭服務。〔註21〕

---

〔註20〕齊紅深編，《日本對華教育侵略——對日本侵華教育的研究與批判》（大陸：北京昆侖出版社），2005/6，頁41。

〔註21〕北京畫院編，《20世紀北京繪畫史》（北京：人民美術出版社。2008/01），頁167～175。

在中國淪陷區，這些漫畫家因不得不應付日偽當局下達的任務，透過這些報刊和街頭展覽活動，不時以大量的漫畫宣傳創作，用來圖解日偽政策思想之推廣。日本實施思想宣傳戰中，如此重視漫畫宣傳這一領域，其實是為了奴化中國淪陷區的百姓，因為圖畫是訴之於視覺的形象藝術，比起文字宣傳有更好效果，尤其針對鄉下村落的文盲，光是接收圖像宣傳照樣可以受到感染力，這種情況與中國致力於抗戰的漫畫宣傳隊同樣在民間推廣抗戰漫畫宣傳的用意其實不謀而合。

這些漫畫協會的組織運動集合漫畫家之總力，結成筆陣，配合日本侵略國階段性的野心，從最初階段以強化治安運動而徵集作品，再到批判國民政府、掃除共產思想等宣傳手法；爾後日本對中國進入了長期持久戰階段，除了持續奴化民眾心理與思想，同時進行宣導「大東亞共榮圈」的理念；再到最後南進階段，企圖以東西方種族主義的敵對性，對民眾營造出白種人是黃種人的敵人之假象，藉機拉攏中國民眾消除抵抗，轉而支援並與日偽政府合作，聯合所有亞洲民族一起共同驅趕殖民亞洲的歐美民族，於是漫畫宣傳內容又新增了批判英美政府的暴行。上述這些漫畫主題都曾在侵略漫畫作品中留下紀錄，為日偽當局將漫畫宣傳納入侵略戰爭軌道之事實，也為歷史留下日本侵略野心的佐證。

## 第三節　侵略漫畫宣傳的內容走向

日本自從走上軍國主義道路，以侵略鄰近國家施展殖民野心開始，便將自己帶入了無法自拔的深淵當中，為了盲目追求國家利益，而忽視了民眾的自由權利，從統制漫畫界的創作自由中可以看到實例，政府為了以強權控制宣傳侵略戰爭合理性以便獲取民眾認同，甚至對漫畫家施予脅迫方式要求繪製歌頌與戰爭有關的漫畫宣傳，這些作品大致分有主打膺懲暴戾支那、策反攻勢力擊垮中國士氣、偽政府的「中日親善」口號、「大東亞共榮圈」的理念、矮化英美國家的實力等等多是以假象圖樣作為宣傳內容，呈現於民眾面前。以下針對侵略漫畫內容類型提出圖例與見解進行分類解說。

### 一、主打膺懲暴戾支那的侵略宣傳

主打膺懲暴戾支那的侵略宣傳早在中日全面戰爭之前，北澤樂天的〈炸彈三勇士的影響〉（圖 3-13）描繪九一八事變之後隔年 1 月，日軍在上海製造事端，引起一二八事變，為打破廟行鎮之難關，日軍派三個士兵抱著炸彈衝

破鐵絲網而占領的故事。這樣製造日本青年犧牲自己寶貴生命，爲國家奉獻的情操故事，對當時日本國民之支持「膺懲暴戾支那」政策影響很大。〔註22〕進入全面戰爭之後，日本政府爲了說服其國民更加認同「膺懲暴戾支那」之口號支持日軍攻佔中國，擁護所謂的「聖戰」，出版了許多作戰記錄圖冊，例如昭和 13 年（1938）年日本講談社出版《支那事變美談》（圖 3-14）或者昭和 14 年（1939）日本省文社出版《聖戰美談——興亞乃光》（圖 3-15）……等等。內容包含數十篇特別委派畫家及漫畫家集結爲聖戰而創作的作品，主要描繪日本海陸軍隊攻佔中國的激戰畫面，用意是爲了美化其侵略行徑，鼓動日本民眾支持、參與作戰。另外，日本也利用時事漫畫宣傳，以戰勝之消息來美化戰事的成果，例如〈徐州失陷了〉（圖 3-16、圖 3-17）是在徐州會戰之後，日方刻意忽略軍隊在台兒莊遭到夾擊受挫的情形，中國以抵擋戰術掩護戰區主力撤退成功的結果，而是大肆宣傳日本佔領徐州的消息，宣示日軍戰無不勝，攻無不克的士氣。前一張漫畫中描繪日本士兵面帶微笑，高舉刀槍、揮舞日本國旗，對應前方地上堆滿中國士兵留下的刀槍，還有破碎毀壞的國旗，象徵日本戰勝中國的慶賀歡呼之聲；後一張描繪日本國旗飄揚空中，佔了畫面一半空間，背後出現空軍侵襲徐州，以及到處掛滿日僞政府五色國旗和日本國旗，同樣傳達了日本打敗國民政府的勝利。還有，在軍國思想的統制下，日本政府特別擅長以假意謊言的消息來欺瞞日本民眾，例如〈日軍進入中國城鎮〉的漫畫內容（圖 3-18）描繪有關日軍隊伍井然有序地步入中國城鎮，所到之處皆受到手持日本國旗的中國百姓列隊歡迎的情景，這是宣傳戰亂之中中國人民和平歡迎日軍進佔中國領土的假象。在諷刺漫畫方面，杉浦幸雄的〈望遠鏡〉（圖 3-19）描繪一對母子，媽媽問兒子用望遠鏡看到什麼？小孩表示可以清楚看到爸爸打敗支那兵並吶喊萬歲的樣子，極力諷刺中國士兵的懦弱無能。當時日本報紙、雜誌和廣播都在罵「清國奴」，強調中國不可怕，並藐視中國人，歌頌日本之勝利，以造成日本人看不起中國和中國人之氣氛。除此之外，杉浦這幅漫畫還表達出中日戰爭開戰後，在日本國內持家之女性的耐心和努力。〔註23〕

---

〔註22〕 *石子順*，《日本の侵略、中国の抵抗——漫画に見る日中戦争時代》（東京都：大月書店），1995 年，頁 118～120。

〔註23〕 *石子順*，《日本の侵略、中国の抵抗——漫画に見る日中戦争時代》（東京都，大月書店），1995 年，頁 128～129。

圖 3-13　〈炸彈三槍士的影響〉

北澤樂天，1932 年 3 月，《時事新報》之「漫畫與讀物」副刊。

圖 3-14　《支那事變美談》封面

佚名，1938 年，講談社繪本。

圖 3-15 〈敵據點を街く〉

吉田堅，1938 年，《聖戰美談——興亞的光》，日本省文社繪本。

圖 3-16 〈徐州失陷了〉

佚名，中日戰爭期間，海報宣傳，日本政府宣傳部印製。

圖 3-17　〈徐州失陷了〉

佚名，中日戰爭期間，海報宣傳，日本政府宣傳部印製。

圖 3-18　〈日軍進入中國城鎮〉

佚名，1938 年，漫畫明信片。

圖 3-19　〈望遠鏡〉

杉浦幸雄，1938 年 7 月，《令女界》。

## 二、策反攻勢擊垮中國士氣

正當日軍膺懲支那的同時，日方在中國大量發放反蔣漫畫與策反漫畫的宣傳單，主要目的是為了動搖中國的抗戰信心，並企圖收服中國百姓，其內容分有兩種類型：其一為反蔣、反共產的漫畫宣傳，利用不實誇大消息來醜化與攻擊中國領導蔣介石以及處處與日軍作對的共產黨份子。例如〈諸君們看吧！老蔣發瘋了！〉（圖 3-20），畫中背景紀錄昭和 12 年（1937）冬，日軍入侵山東，第三集團軍總司令的韓復榘為了保存實力，擅自率部撤退，不戰而逃。蔣介石知道後怒不可遏以違抗命令的罪名將其槍決。日軍拿其事件大作文章，命令漫畫家畫出相關宣傳單醜化蔣介石，描繪老蔣不僅槍斃了韓復榘，暗示之後還會槍斃宋哲元、馮玉祥、李宗仁、閻錫山等軍事將領，其他人則自身難保嚇得逃到日軍佔領的華北去尋求庇護，並在宣傳單寫上「蔣的暴虐不信，沒落已迫了旦夕！趕快停止戰爭吧！」。可見日軍目的是希望藉由醜化老蔣的內容說服中國士兵不值得為國民政府賣命，應當放下刀槍停止戰爭，投靠日本才是和平之道；另外，〈看！看！共產黨之慘害〉（圖 3-21）也是日軍設法誣衊、醜化中國共產黨的漫畫宣傳單，畫面左邊畫有代表俄國的青面獠牙魔鬼手持和平假面具並在背地裡給予軍費支援身穿藍色軍服的共產黨員，收買黨軍成為俄國走狗到處殺害無辜良民，右方日軍為了保衛中國百

姓持刀舉旗對付共產黨，受到民眾熱烈的歡迎，其宣傳單上也寫道：「日軍爲正義解除人民的倒懸來徹底剷除萬惡的自私自利的黨軍和慘無人道的共產黨」。這是日方爲了抵制共產黨遊擊隊不斷襲擊日軍，希望阻止民眾暗地幫助共產黨所畫的宣傳單。其二，除了利用醜化蔣介石和共產黨的漫畫宣傳外，還有另一種策反漫畫的內容，利用漫畫宣傳採取竭力美化侵略的目的，同樣旨在宣傳侵華乃爲了解救中國民眾同胞，採用粉飾太平的親民圖畫，企圖拉攏中國人民投靠日本並且瓦解中國人的鬥志與戒心。例如〈小孩子的先生〉（圖3-22）描繪一名小孩模仿教師手持教棒指向日本國旗，並對著其他小孩宣導「慈愛的日本兵，日華合作萬歲」的理想；〈奮戰救中國〉（圖 3-23）漫畫上方附上文字道：「日軍的奮戰，是爲著要救中國的民眾。日軍背後跟隨著的人，都是由國民政府的毒牙裏救出來的中國良民，看看他們的笑臉呀！」，該畫中描繪日本士兵背著一個孩童，同時用腳踢走前面的兩隻狗阻擋它們欺侮中國百姓，這兩隻狗身上分別寫著「國民政府」與「國共合作」，背後還跟著幾個滿臉笑容、充滿感謝的中國人，此宣傳乃暗示日軍要解救中國民眾脫離水深火熱的戰亂之中；另外一幅〈皇軍「鐵蹄踏出」樂土〉（圖 24），畫中描繪臉帶笑容的日本士兵，後面露出同樣微笑的臉面，並附註文字「日本皇軍足跡踏過的區域！馬上就會變成無憂的樂土！」。

圖 3-20　〈諸君們看吧！老蔣發瘋了！〉

佚名，1937 年，宣傳單，日僞政府宣傳部印製。

圖 3-21 〈看！看！共產黨之慘害〉

佚名，1939 年，宣傳單，日偽政府宣傳部印製。

圖 3-22 〈小孩子的先生〉

佚名，中日戰爭期間，宣傳單，廣東中山圖書館地方文獻部。

圖 3-23　〈奮戰救中國〉

佚名，中日戰爭期間，宣傳單，廣東中山圖書館地方文獻部。

圖 3-24　〈皇軍「鐵蹄踏出」樂土〉

佚名，中日戰爭期間，宣傳單，廣東中山圖書館地方文獻部。

　　除了強烈直接的醜化或美化策反方式，日本政府也懂得利用柔性勸降的
手段進行策反宣傳。日本侵略中國進入全面戰爭之際，爲降低淪陷地區民眾
戒心與扼殺中國人民抗日鬥志，日本政府開始強化宣傳奴化教育的執行，在
東北地區委派青年組織服務團（奉仕隊）前往各地，以灌輸「日滿親善」、「一
德一心」之名，協助農耕、建築、道路之開拓，阪本雅城的〈一德一心〉作
品（圖 3-25）乃日滿交流的漫畫作品，利用漫畫描繪滿洲建設勤勞服務團執
行任務的記錄，畫中左邊東京部隊第二小隊隊長，因村莊的滿洲人送他玉米
秧苗，他給這個人一毛錢，滿洲人不收並表示，不能拿來這裡勤勞奉仕（義
務勞動）的服務對象的錢，於是小隊長回送一盒牛奶糖，滿洲人感謝的收了
這份心意。在這強調的是一根秧苗拉近了日滿的感情。所謂「一德一心」是
要大家一條心，爲共同目標而努力的方針，企圖以日滿交流互助爲基調，展
現日本和中國和諧合作之假像。除了東北的服務團，日本也組織「宣撫班」，
在中國淪陷區負責張貼發放宣傳單與舉辦活動，試圖與淪陷區的民眾親近互
動，以便進行奴化教育宣導的任務。〔註24〕〈宣撫〉（圖 3-26）漫畫中描繪日
本宣撫士兵帶著笑意正在幫一名中國少女抓虱子。虱子代表蔣介石，象徵著
「頑固的敵人」，日本兵意味著要抓住他，而中國少女則是被日本統治的中國
「良民」，陽光是日軍，象徵在日軍占領下淪陷區之溫暖，牆壁左邊的狗，說
明著連中國的狗也在歡呼日本士兵，副題寫著「華北春天來了！蠢動的蔣介
石，分根也要把它消滅」（北支にも春！蠢動するか蔣介石，根を分けてもつ
ぶしてやるぞ），試圖展現日本軍展現企圖並且貼近民心的一面。〔註25〕

　　至於在勸降的宣傳單中，爲獲得民眾的共鳴，漫畫內容往往採用貼近人
民思想情感的切身體驗爲主題，如發放於山東一帶的宣傳單〈大好山東〉（圖
3-27）主要描繪一名爲人妻子的婦人跪著拉住欲前往戰場的丈夫，旁邊還有個
緊抱著父親不放的女孩，其副題大意表明要當兵的丈夫離開戰線回家去，若
堅持繼續抵抗日軍，那麼山東的鄉親父老們將全都滅亡，若服從日軍，接受
他們的恩惠，則必享幸福。日軍希望利用人性對親情情感的在乎，來動搖中
國士兵的士氣與抗戰的決心。〈望鄉〉（圖 3-28）同樣也利用思念故鄉的情感
投注在蔣介石夫妻身上，當時國民政府因節節敗退而遷都於重慶陪都，日本

---

〔註24〕　*石子順，《日本の侵略、中国の抵抗——漫画に見る日中戦争時代》*（東京都：
　　　　大月書店），1995 年，頁 130～132。
〔註25〕　*同上*，頁 126～127。

漫畫家用暗諷方式，描繪帶著鋼盔的蔣介石和夫人宋美齡躲藏在深山岩洞，只能遠眺南京的繁榮，充滿望鄉之情。畫面構圖將右邊三分之一面積描繪成狹小的峭壁山洞，蔣介石夫妻躲在其中，象徵著蔣介石被追得走頭無路。與左邊三分之二面積形成對照，一大片的星空下照耀著南京的繁榮，當時的南京已是汪偽政權的天下，太陽旗和青天白日旗交叉插著，上空正在放煙火，而天空滿月的輝煌意味著日本勝利在望的優勢。〔註26〕

圖 3-25 〈一德一心〉

阪本雅城，1939 年，《滿洲建設勤勞奉仕隊漫畫現地報告》。

圖 3-26 〈宣撫〉

犀川凡太郎，1938 年 4 月，《新漫畫誌》。

〔註26〕 石子順，《日本の侵略、中国の抵抗——漫画に見る日中战争时代》（東京都：大月書店），1995 年，頁 130～132。

圖 3-27 〈大好山東〉

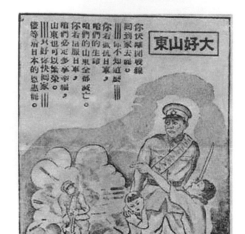

佚名，中日戰爭期間，宣傳單，日偽政府宣傳部印製。

圖 3-28 〈望鄉〉

藤井圖夢，1942 年 9 月，《漫畫》。

## 三、宣傳偽政府的「中日親善」口號

　　日本自侵略中國以來，所佔領之處皆被納入成為殖民地區，並建立偽政府進行統治與管理，從最初的傀儡政權滿州國到後來的偽「中華民國國民政府」，為了讓當地民眾接納並認同偽政府的存在，日軍派遣漢奸大肆宣傳「中日親善」的口號，並命令漫畫家繪製大量的親善海報與宣傳單，於大街小巷內到處張貼。「中日親善」的漫畫宣傳中少不了國旗這項重要標誌，尤其同時參入偽政府和日本國的國旗，不僅奠定日本統治新中國的地位，也能提供民眾辨別，有別於青天白日滿地紅的中華民國國旗。以日軍最早成立偽政府滿洲國為例，象徵「中日親善」的宣傳畫面中經常出現五色國旗與日本國旗，旗面以黃底為主，左上方的四色條紋中是由紅藍白黑組成，分別象徵大和族、漢族、蒙古族、朝鮮族，而黃色則代表滿族，象徵著五族協和〔註27〕。以〈軍民的一致協力，現在的滿州樂土〉為例（圖 3-29），背景出現象徵太陽光芒的日本國旗符號以及偽滿洲國五色旗，前方有兩個人，一個身穿軍服代表日軍身分，手搭著另一個代表偽滿州國的中國漢奸，再搭配宣傳單中的字幕寫道「軍民的一致協力，現在的滿州樂土」，直接向民眾宣示和日軍的合作，將能共創滿州樂土的希望。再看中日全面戰爭後，日本統治整個華北地區，於北京建立的偽中華民國臨時政府，國旗設計套用了早期辛亥革命後，孫中山成立中華民國臨時政府時所代表的五色國旗（1912～15），如〈民國新生〉作品（圖 3-30），同樣地，畫中背景繪有日本國旗的符號，前方一名漢人手舉著象徵偽政府的五色旗插足在地球儀上顯示中華民國北京的地理位置，表述日本政府賜於中國殖民地區民國新生、一片祥和的意義。另外，日本政府也擅長利用對比方式進行宣傳作業，故意製造供民眾辨別的假象，如維新政府行政院宣傳局創作海報中（圖 3-31），在雙十國慶的慶典之日，其上方繪製手舉五色國旗的民眾在高掛燈籠之下，歡欣鼓舞迎接慶祝；對照下方歪斜的雙十木柱上掛著破損的中華國旗，遍佈屍骨以及挨餓受凍的百姓，顯得極為荒涼。至於宣傳單〈到新政府治化下的樂土來〉（圖 3-32）同樣為宣導呼籲百姓接受偽政府的庇護，描繪婦人與一群小孩在日軍的愛護下，安全無虞的度過富足生活。

---

〔註27〕1933 年 2 月 24 日公佈的滿洲國國務院佈告中所示，五色旗中，青色代表東方，紅色代表南方，白色代表西方，黑色代表北方，黃色代表中央，寓意以中央行政統禦四方。

圖 3-29　〈軍民的一致協力，現在的滿州樂土〉

佚名，中日戰爭期間，海報，奈良縣立圖書情報館。

圖 3-30　〈民國新生〉

佚名，中日戰爭期間，海報，奈良縣立圖書情報館。

圖 3-31　〈無題〉

佚名，中日戰爭期間，海報，維新政府行政院宣傳局印製。

圖 3-32 〈到新政府治化下的樂土來〉

佚名，中日戰爭期間，宣傳單，維新政府行政院宣傳局印製。

## 四、提出「大東亞共榮圈」的宣傳理念

　　自日軍攻略中國領土，侵略野心的驅使下讓日軍不斷擴大對中國的軍事範圍，進而陷入持久戰的窘境，一旦戰事時間拉長也使得日軍不得不面對日本百姓開始質疑這場戰爭的意義爲何，爲了再次替國家的侵略找出合理解釋，加上日本因戰爭導致物資與軍資嚴重缺乏，於是覬覦東南亞地區所擁有豐富的資源，與此同時，同一軸心陣線的德軍在歐洲的戰績又無往不利，日軍認爲是時候仗著聲勢入侵東南亞地區，以趕走迫害東南亞國家的西方殖民國家之名，提出「大東亞新秩序」的理念並發動大東亞戰爭，企圖建設「大東亞共榮圈」的野心。

　　這是日本爲入侵他國所作的戰爭宣言和主張伸張「正義」的藉口，不僅能順勢向國人提出交代，同時也能以此對佔領國人民進行教化洗腦，藉機削弱其民族意識。這種宣傳手段就如同當初中日全面戰爭爲宣導「膺懲支那」讓戰爭合理化一樣，又多了一個可以侵略對象的藉口，爲此達到日軍擴大殖民地的野心。有關宣傳「大東亞共榮圈」的漫畫內容主要可分有二方向的形式主題來呈現，其一是利用假意的宣傳方式，日本政府要向日本本土與中國淪陷區的民眾，表示日軍所到之處都被接納與歡迎的假象，例如〈東亞的黎明〉明信片漫畫中（圖3-33）顯示東南亞各國的民族揮舞著日本旗子，歡迎日軍前往解救他們的生活；另外，日軍擴大侵略東南亞國家，對淪陷區民眾同樣利用戰爭漫畫宣傳日本欲與他們進行友好關係以及共同建設東亞共榮圈的目標，如〈讓我們肩並肩建立新菲律賓〉（Shoulder to shoulder let us bring up the new Philippines，圖3-34）宣傳單便是針對菲律賓淪陷區，其漫畫內容以菲律賓孩童爲形象手舉日本國旗，象徵菲律賓願意與日本肩並肩共同打造新的團結國家。其二，僞政府的漫畫宣傳中出現不少主打建設東亞之名，向中國淪陷區民眾進行教化洗腦，如〈建設之路〉（圖3-35）畫面中人群來自中國與東南亞地區，他們表情堅定向前行進，是爲了宣傳大家團結一致支持「大東亞共榮圈」的建設；〈東亞共榮〉作品（圖3-36）描繪日軍保衛民眾，趕走欲迫害「大東亞共榮圈」計畫的獐頭鼠目，暗諷對象乃當時與日軍反抗的國民政府與共產份子。以及，日本進軍大東亞戰爭，對於大東亞地區淪陷消息也透過漫畫對中國淪陷區民眾大肆宣傳，讓民眾有參與感，如〈新加坡、巴達維亞、仰光陷落〉（圖3-37），畫面描繪一顆大氣球懸掛新加坡、巴達維亞、仰光陷落布條飄揚空中，氣球上畫著象徵日本人臉，下氣球下萬民歡騰，紛紛慶祝這分喜悅與消息。

圖 3-33 〈東亞的黎明〉

小野寺秋風，太平洋戰爭期間，漫畫明信片。

圖 3-34 〈讓我們肩並肩建立新菲律賓〉

佚名，太平洋戰爭期間，
《Propaganda: The Art of Persuasion:
World War II》。

圖 3-35 〈建設之路〉

佚名，1944 年 3 月，《中華漫畫》第 2
期。

圖 3-36　〈東亞共榮〉　　　圖 3-37　〈新加坡、巴達維亞、
　　　　　　　　　　　　　　　　　仰光陷落〉

小川哲男，1941 年 9 月，《北京漫畫》
第 2 卷第 9 期。

佚名，1942 年 6 月，《北京漫畫》第 3
卷第 6 期。

## 五、矮化英美國家實力的宣傳

　　延續「大東亞共榮圈」的野心，這次日軍計畫侵略東南亞地區，面對的
敵人轉為那些殖民東南亞的西方國家，尤其是英國政府，加上處處干涉日本
政治與軍事的美國政府，日本以擅長諷刺和醜化的漫畫內容，將漫畫主角設
定為英國首相邱吉爾與美國總統羅斯福作為嘲弄對象，意圖矮化英美國家的
地位，掩飾其軍事上的真實實力。以〈嘴巴喊「和平」〉（「平和」を口にし，
圖 3-38）漫畫為例，它是由日本漫畫家所畫，左邊寫著「嘴巴喊和平、正義
人道，他們的真正嘴臉是魔鬼畜牲。」如此惡毒嚴厲的話語搭配圖畫中邱吉爾
與羅斯福被畫成日本惡鬼形象，身上僅穿著有英美國旗圖樣的內褲，不雅的
坐在滿是殘骸骨頭堆之中，充分展現出對英美國家不屑的鄙視態度，也暗諷
英美國家是專吃人不吐骨頭的貪婪對象。同樣地，在中國淪陷地區的漫畫宣
傳中也可見到諷刺英美國家相關內容，例如〈太平洋上英美已無立足之地〉（圖
3-39），描述在日軍戰艦的驅趕下，英美兩國只能選擇跳海落荒而逃，日本政
府要向民眾表明日軍實力要比西方國家來的堅強。其他像是〈援助之危險性〉
（圖 3-40）描繪美國與英國首領站在碎裂的雪地上想要解救掉入冰窟的蔣中

正，警惕英美國家自身已經陷入難以自保的窘境，卻還想要伸出援手救助國民政府，暗喻其援助的危險性；〈羅斯福之厄年〉（圖 3-41）則是諷刺美國總統選擇加入戰局，是自尋死路的決定，漫畫家刻意將羅斯福因小兒麻痺所坐的輪椅打造成出征的戰車，最後戰車被毀，羅斯福則被綁在木樁上任人宰割。

值得一提的事，除了對中國與日本民眾進行矮化英美國家的宣傳，日軍侵略東南亞之際，也對同盟國家利用心理戰術宣傳進行離間之計，如〈澳大利亞的慘叫〉（Australia Screams，圖 3-42），日軍將這份反美宣傳單丟放給正在新幾內亞（New Guinea）打仗的澳洲士兵們，畫面描繪美國軍官進駐澳洲領土，手中卻懷抱著半暴露且正在掙脫的當地年輕女子，該女子發出的慘叫聲音引起出征新幾內亞的士兵注意。有關這類題材的宣傳單相當多，其用意是故意要損毀美國形象，引起澳洲士兵們的不安，擔憂家中的妻女遭受欺虐，因而無心上戰場打仗。還有〈幽靈命令〉（The Spectre Commands，圖 3-43），該宣傳單同樣以詆毀羅斯福總統的身分，將他化身成為死神，其下方的澳洲士兵身上插著美國國旗且流血而亡，暗諷澳洲士兵是被美國犧牲的對象，藉此說服澳洲放棄打仗，甚至能夠解除與美國同盟。

圖 3-38　〈嘴巴喊和平〉

佚名，太平洋戰爭期間，宣傳單，大政翼贊宣傳部印製。

圖 3-39　〈太平洋上英美已無立足之地〉

佚名，1943 年 1 月，《北京漫畫》。

圖 3-40　〈援助之危險性〉

葛曼沙，1941 年 1 月，《北京漫畫》第 2 卷第 1 期。

圖 3-41 〈羅斯福之厄年〉

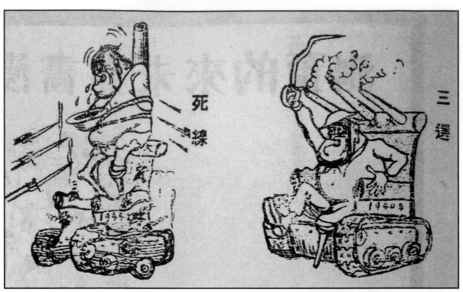

那須良輔，1944 年 2 月，《中華漫畫》第 1 卷第 2 期。

圖 3-42 〈澳大利亞的慘叫〉

佚名，太平洋戰爭期間，宣傳單，《Propaganda: The Art of Persuasion: World War II》。

圖 3-43 〈幽靈命令〉

佚名，太平洋戰爭期間，宣傳單，日本政府宣傳部印製。

# 第四節 軍國統制的侵略漫畫——日治時期《臺灣日日新報》

　　日本實施侵略的漫畫宣傳受到軍國主義的牽制改變了過去追求自由發展的環境，並干涉了戰爭漫畫創作的內容，希望透過強迫性的漫畫宣傳說服自己國人認同接受戰爭侵略的合理性。尤其當政府與軍部野心不斷擴張，戰爭侵略不斷擴大，從中日戰爭到太平洋戰爭，需要民眾的支援與協助越顯重要，不只是日本國人，就連殖民百姓也要設法強制他們的認同。要達到這個目的，單靠統治管理很難完成任務，還要懂得倚靠文化宣傳工具做為執行利器，才能有效控

制百姓思想與行動。日本政府有鑒於宣傳的重要性，面對漫畫宣傳的統制，如何控制漫畫家為政府服務、如何運作各種思想宣傳與精神動員、如何針對殖民百姓進行奴化洗腦作業等，筆者於前述中已逐一整理介紹，為了更清楚日本軍國主義如何統制執行並運用傳播媒介將戰爭侵略漫畫宣傳深入民眾環境並對其產生影響，筆者以臺灣日治時期的「皇民化運動」與《臺灣日日新報》為例，作深入介紹。

明治 28 年（1895），臺灣在中日馬關條約簽署下正式割讓給日本，成為日本最早統治的殖民地區，早期日本對臺灣的經營重點主要放在經濟基礎的建設以及教育思想的同化，直到昭和 12 年（1937 年）爆發七七事變後，日本開始進入「戰時體制」，為了確實殖民地臺灣絕對同化，促使臺灣人民完全效忠天皇，於是對臺灣開始實施一連串總體改造的「皇民化運動」，對臺灣真正落實戰爭宣傳統制的活動也在這個時期開始進行。所實施的「皇民化運動」其實是為配合日本本國因應侵略戰爭的計畫而設定的政策機制，依前後時期分有兩個階段進行，第一階段是昭和 12 年（1937）時，隨著日本本島設置的「國民精神總動員」，臺灣總督府分別於中央和地方上設置精神總動員運動總部、分會，除了繼續社會教化運動，加強日語與文化訓練，同時也禁止其他傳統漢人文藝活動的經營，包括戲劇、音樂、美術等，以利強化國民意識、灌輸戰爭支援的改造；第二階段則是昭和 16 年（1941）以後，隨同日本本島的「大政翼贊會」的出現，在臺灣殖民地跟著成立了「皇民奉公會」並且組織各種奉公會團體，所推動的活動重心從過去強調教化功能培養國民精神內涵，轉為重視挺身實踐，徹底落實為日本帝國盡忠的行動。尤其從太平洋戰爭後，日本開始積極對臺灣人徵調軍人出征一事，便可瞭解到日本政府貫徹執行的效應。

臺灣的「皇民化運動」既是為戰爭而執行的統制活動，也是為了加強對殖民的同化認同，只有教育以及管理方式顯然不足應付，於是宣傳機製成為了另一項教化的重要工具，有關戰爭宣傳體制也在這個時候出現。初期，日本對臺灣「皇民化運動」執行「國民精神總動員」，正值中日全面戰爭時期，為有效達成戰時軍國主義的統制任務，控制輿論並加強教化言論和思想成為了首要目標，此時，日本政府開始重視對臺灣地區的情報與宣傳工作，特命總督府設立「臨時情報委員會」後改為「臨時情報部」〔註 28〕，專門負責各

---

〔註 28〕臺灣總督府，《臺灣總督府事務成績提要》，第 43 篇，（臺北：臺灣總督府，1937 年），頁 172。

項情報、政策宣傳的工作項目。配合「國民精神總動員」根據其規程，除了在總督府設立總部，也須在地方上層層部署，成立支部、支會、分會等組織，同時爲了同化與動員工作而設立集會所，作爲宣佈總督諭告、軍司令官警告及情報部發表情報、時局消息等宣傳資料的地方〔註29〕。除此之外，戰爭期間臨時情報部還需針對戰爭主題不定期地至全台舉辦巡迴演講、座談、講習等宣傳活動；負責傳播廣播、電影等新穎的宣傳媒體，由於透過聲音傳達各項訊息及政策，有利於對不識字的民眾進行宣傳，獲得很大的助益；當然還有發行印刷宣傳品，如報紙、雜誌、海報、宣傳單、明信片等等，以及針對主題美術進行巡迴展覽活動，這些平面宣傳品以及美術作品，多是以圖像造型進行以圖說故事的宣傳模式，同樣對低教育水準的階層有所幫助，其中又以漫畫作品最吸引民眾目光，尤其老少皆宜，達到一定程度的宣傳效果。日本政府希望利用中央權力，透過各個宣傳管道，將戰爭資訊與政策傳遞到臺灣島嶼各個角落，以獲得民眾的認同與支持。

　　昭和15年（1940），日本政府爲了擴張侵略又提出了「大東亞新秩序」爲新國策方針，在日本爲了因應戰爭持久化所引來的質疑聲浪，於是提出「大政翼贊會」作爲國民總動員的新體制運動，期望全國民眾能團結一心，犧牲個人利益爲國奉獻，爲了有效控制民眾的犧牲與配合，政府花了更多人力資源由上而下，設立層層管控的組織，試圖強制引導國民的思想精神，後來總督府將這套機制架構套用在臺灣殖民地區，並於隔年4月成立了「皇民奉公會」，以推行君臣實踐的奉公運動組織。其設立架構雷同於先前的「國民精神總動員」組織，同樣有支部、支會、分會，分會下設有部落會、奉公班，但機構單位分工更細，設有總務、地方、訓練、生活、宣傳及經濟六部。〔註30〕昭和17年（1942）時，又新設文化部。〔註31〕由於日軍戰局逐漸惡化，爲求事務精簡，奉公會其內的組織曾於昭和18年（1943）進行改組，將宣傳、文化納入戰時生活部，同時還增設有「宣傳協力委員會」，協助戰時生活部，負責與各種宣傳機構連絡，以及相關宣傳企劃事項的協助。〔註32〕相關的宣傳

---

〔註29〕臺灣總督府，《國民精神總動員實施概要》，（臺北：臺灣總督府，1938年），頁15。
〔註30〕〈皇民奉公運動早分かり〉，《部報》第125號，1941/07/01，頁25～30。
〔註31〕〈皇民奉公會中央本部事務規程〉，《第二年に於ける皇民奉公運動の實情》，（台北：皇民奉公會中央本部），頁108。
〔註32〕同上，頁129。

活動依舊包括有各種演講、座談、展覽會、藝文演出，電影、幻燈片、廣播播放，以及發行印刷宣傳品等等，這些為配合動員政策所舉辦的宣傳活動與前期並無太大差異，甚至還多了紙芝居〔註33〕的表演型態，增添娛樂性的氣息。為了落實偏遠地區宣傳，奉公會另外組成「移動映畫班」、「街頭移動展」做巡迴播放與展覽。這些活動都是在政府強力介入下，希望真正達到強化灌輸民眾有關中央的意識決策和動員政策的宣導，尤其針對戰爭時期對日本天皇效忠並且行動支援前線戰事。

既然宣傳體制成為日本對臺灣傳達動員政策的重要工具，作為宣傳媒介的漫畫創作必也有它重要的使命。對臺灣來說，漫畫可算是新穎的繪畫風格，在日治時期受到日本本島漫畫影響極深，許多來自西方文化的諷刺漫畫並且融合了日本風格的漫畫作品，大約在明治38年（1905）日俄戰爭爆發前後傳入了臺灣，臺灣第一本專業漫畫雜誌《臺灣潑克》的發行便是受到日本《東京潑克》諷刺漫畫的影響。大正14年（1925），日本本島創刊的《王樣》漫畫雜誌也同時引進臺灣販售。進入到「皇民化運動」時期，中央總督府為了擴充漫畫宣傳的管道，開始自己發行漫畫雜誌，如第一階段「國民精神總動員」的臨時情報部於昭和12年9月（1937）發行了《部報》創刊號，一直到昭和17年9月（1942年），前後5年，共發行有154期，發行目的是要向民眾傳達總督府的政策，並介紹戰時敵方與東南亞的狀況，讓台灣島民能隨時掌握並與政府關係密切，以便於順利統治〔註34〕；第二階段「皇民奉公會」則於昭和17年10月（1942）發行《新建設》，一直到昭和20年4月（1945），前後4年，共發行有29期，內容著重於與皇民化運動相關的活動報導，另外也有向民眾徵稿的專欄，舉凡文章、創作、隨筆都能刊登在雜誌上，透過娛樂方式和民眾互動，達到宣傳目的。〔註35〕這兩本雜誌當中均刊登不少以國際局勢為主題的戰爭漫畫宣傳作品。除了專業漫畫雜誌的發行外，報紙的版面出現漫畫的比例也逐漸增多。以日本時代臺灣發行量最大、延續時間最長的報紙《臺灣日日新報》為例，《臺灣日日新報》創刊於明治31年5月6日

〔註33〕 所謂紙芝居就是紙戲，以木箱作為舞臺，並以看圖說故事的方式，利用20至30張圖畫來完成一齣戲。早期紙芝居是日本賣糖果的商人用來招攬顧客，後來廣泛被作為傳教、教育之用。

〔註34〕 古蕙華，《日治後期台灣皇民化運動中的圖像宣傳與戰時動員（1937～1945）——以漫畫和海報為中心》（臺北：台灣師範大學），2001/01，頁36。

〔註35〕 同上，頁53。

（1898），發行時有中、日文同時並載。本來是由日人守屋善兵衛併購《臺灣新報》及《臺灣日報》而成立的報刊，二年之後，因報社陷入經營困境，轉由中央總督府出資，該報後來成爲了當時的官方報紙。昭和 12 年 4 月（1937）因應戰爭時局，爲了加強同化政策的宗旨，下令將漢文版停刊。日文版持續發行至昭和 19 年（1944），由於同盟國大舉反攻日本，臺灣在物資極度匱乏之下，報紙已無法正常營運，中央總督府於是決定將《臺灣日日新報》和其他家的報紙合併爲《臺灣新報》，長達 47 年所發刊的《臺灣日日新報》從此走入歷史。

　　《臺灣日日新報》最早出現漫畫作品是在大正 5 年 11 月 6 日（1916），早期的漫畫不定時的刊載，以多格連環漫畫爲主，內容則介紹社會現實的生活趣事，包括風俗民情、娛樂活動等等。後來又逐增單幅漫畫以及短期連載漫畫，甚至出現固定刊登的漫畫專欄如〈臺日漫畫〉（有時爲搭配主題又取名爲〈孩童漫畫〉），刊登漫畫的數量也越來越多，於是《臺灣日日新報》自大正 9 年 1 月 1 日（1920）起決定將漫畫專欄〈臺日漫畫〉成爲固定專欄，刊登的漫畫作品深受民眾的喜愛與歡迎。1930 年代後期，該專欄爲了配合「戰時體制」宣傳，開始經常出現許多有關國家政策或諷刺敵國等時事漫畫的刊登，直到昭和 14 年（1939）〈臺日漫畫〉專欄結束後爲止。隔年 4 月（1940）開始，總督府又爲配合「皇民奉公會」執行戰時動員政策的「新體制運動」宣傳活動，《臺灣日日新報》另新闢一版〈時局漫畫〉專欄，由當時的日本漫畫家——森島直造、安本亮一、牛島一刀、小野佐世等人輪流發表作品〔註36〕，於每週三固定刊載日本戰爭情勢的消息，讓國人能迅速瞭解時事背景，進而全力支援前線戰事，之後卻因爲戰爭越演越烈，戰亂的環境使得經濟及資源不足的情況下，《臺灣日日新報》於昭和 16 年 2 月（1941）以後已不見〈時局漫畫〉專欄的蹤跡，報紙上的宣傳漫畫作品數量也逐漸銳減，甚至越到大戰末期越是寥寥無幾，偶有一、二張零星作品被刊登在報紙上。

　　由此可知，日本對臺灣實施戰爭侵略漫畫宣傳的主要活動時間大約集中在 1937 年至 1941 年間。筆者歸納《臺灣日日新報》中爲「皇民化運動」所做的戰爭漫畫宣傳圖像與內容，可分有幾項重點主題，包括軍民一心、醜化敵人以及東亞共榮的理念等等，以下作整理介紹提供讀者參詳。

---

〔註36〕〈時局漫畫を掲載〉，《台灣日日新報》第 14417 號，1940/04/23。

## 一、軍民一心的認同

　　日治時期，日本對臺灣殖民最初的目的是為奪取當地的資源、物產及勞力，成為日本帝國工業發展的後盾，因此強制控制民眾，以不公平待遇對其採取奴化教育制度。直到昭和 12 年（1937），日本發動侵華戰爭以來，基於滿足戰時需要，要求台灣物質上的支援，日本政府於是更強化了對台的同化政策，試圖將台灣百姓納為日本民族的一份子，全力推動「皇民化運動」，督促台灣民眾忠誠於日本天皇，挺身實踐對國家的義務行動。至此之後，對台的戰爭漫畫宣傳便出現了許多強調為國奉獻、軍民一心的宣傳作品，如〈接下來要鍛鍊的事情〉（圖 3-44），畫中兩人正敲敲打打製作「國民精神總動員」的牌子，旁邊還有顆已飛出去的飛彈，象徵國人正在落實這項政策，並強調為了東亞和平的主張，發動戰爭事在必行，以此理由要求國人團結一致做好動員的準備。台日漫畫專欄中〈クグンマモドコ〉作品（圖 3-45），身穿軍人制服受到孩童舉日本旗歡迎的畫面，多半是以教化為訴求，說服國人支持日本發動戰爭的決定；又或者〈非常時期的女孩〉以「千人針」作為主題（圖3-46），此來自於日本本島的風俗民情，描繪台灣女性製作「千人針」用來祈求上戰場的士兵能平安歸來，並且慰問感念士兵們辛苦打仗。這些作品均在強調台灣同化日本後的民族認同感，以喚起民族的團結精神，不論是戰前士兵的英勇上陣，或者後方民眾的犧牲支援。

圖 3-44　〈接下來要鍛鍊的事情〉

佚名，1937/09/12，《臺灣日日新報》。

圖 3-45 〈クグンマモドコ〉

佚名，1937/09/06，《臺灣日日新報》。

圖 3-46 〈非常時期的女孩〉

佚名，1937/09/12，《臺灣日日新報》。

## 二、醜化敵人的形象

　　中日全面戰爭起始於日本侵略中國而發動，爲了動搖中國的抗戰信心並且收服殖民的中國百姓（包括台灣），於是刊出一系列反蔣、反共的漫畫宣傳，用刻意誇張形象藐視他們的行爲，加以醜化中國國民政府和蔣介石，以及在中國東北處處阻擾日軍行動的遊擊隊。如〈春回大地〉作品中（圖 3-47），漫畫家將國民政府視爲軍閥，並用枯木作爲比喻，象徵其大勢已去，和前方象徵日軍殖民的北支省官員（或者民眾），其身穿唐服顯得意氣風發，形成強烈

對比。漫畫家標註「春回大地」的意思是暗指中國民眾只有脫離國民政府的控制並接受日本的管理，才能真正迎接春天的到來，因此刻意搭配升起的太陽以及地上寫著「東洋和平」的幼苗，給人煥然一新，希望無窮的感覺。再者，〈徐州陷落〉作品（圖 3-48）則是搭配徐州會戰的時事戰況，一名日本士兵大刀一揮，斬斷上方寫著徐州津浦縣的十字架，讓攀附在十字架上垂死掙扎的蔣介石跌入墓穴之中，藉此向台灣民眾宣告戰爭的勝利。〈新版 暴風雨中的孤兒〉（圖 3-49）同樣也是嘲諷蔣介石的漫畫作品，畫中描繪隨著日軍步步逼近，蔣介石孤伶伶的跪在地上，手握殘燭一副低頭喪氣的模樣，象徵老蔣衰落無能的實力，除了能夠帶給士兵振奮民心的士氣，一方面也暗示民眾這場戰爭已經快結束的期待。上述這類作品，對台灣民眾來說，除了貶抑敵人形象用以壯大自己聲勢之外，還有另一項重要意義，即是用來強調日本發動戰爭的合理性，為了讓台灣民眾認同日軍對中國的侵略，漫畫家刻意營造對國民政府及蔣介石的鄙視感，加諸種種負面形象於他們身上，希望得到台灣民眾的共鳴並且願意配合日本政府的動員與政策，真正達到「皇民化運動」政策的目的。

圖 3-47 〈春回大地〉

佚名，1938/03/14，《臺灣日日新報》。

圖 3-48　〈徐州陷落〉

佚名，1938/05/23，《臺灣日日新報》。

圖 3-49　〈新版 暴風雨中的孤兒〉

佚名，1938/10/10，《臺灣日日新報》。

## 三、東亞共榮的理念

　　日本爲了吸取更多資源決定擴大侵略戰爭，將腦筋動到東南亞群島上面，但是先前的中日戰爭已經陷入持久戰，耗資太多人力和物力，如何說服本島民眾與殖民地區百姓，讓擴大侵略戰爭合理化，成爲了當時戰爭漫畫宣傳的新目標。因此，戰爭後期日本政府企圖想要將日軍塑造成亞洲民族的救星，順勢將中日戰爭的理由推向是爲了改造並建設東亞共榮圈的理想藉口，並且將攻擊的對象遂轉向來自西方國家的英美等國，宣稱爲了協助東南亞民族脫離西方國家的殖民解放而發動戰爭。爲了實踐這項任務，漫畫家於是著手進行有關建設東亞新秩序的漫畫宣傳，如「時局漫畫」專欄中的一幅作品（圖 3-50），畫中一個頭戴寫著米字的高腳帽（日文「米國」是指美國的意思）的美國人，手拿刀劍將地球團團圍住，上面寫著 18 億 2 千萬美元，故意暗示美國人打算耗資鉅額用來做軍事擴張，藉此讓民眾警惕西方國家的野心。再者，〈建設與破壞〉作品（圖 3-51），以東西方國家的小孩玩積木的畫面作爲對比圖像，暗示西方孩童專門破壞打造好的積木，藉此諷刺西方國家投入戰爭只會造成破壞與損失，相反地，來自東方國家的日本孩童玩積木則是爲了打造完整的建設，用此比喻日本延伸至東亞侵略是爲了建設的理念。尤其自 1941 年爆發珍珠港事變後，擊滅美英的主題更成爲了日本爭取台灣民眾投入戰爭動員的宣傳主軸，不論是對前線士兵還是後援民眾。以〈米英擊滅　必勝儲蓄〉作品爲例（圖 3-52），畫中一名日本士兵雄赳氣昂的將英美首相採在腳下，但是要做到擊滅英美國家的目標，則需要在背後提供支援的民眾動員，想辦法提升軍事經費，要求他們儲蓄捐錢、節約禁奢、購買債券等行動，以爲國盡一份心力，並完成東亞共榮的理念目標。即使是接近戰爭尾聲，日軍不斷節節敗退，1944 年 7 月 20 日，台灣總督府依舊推出新的宣傳刊物《旬刊臺新》創刊號，其封底出現全幅彩繪，主題寫著「決戰は空だ！造れ！送れ！擊れ！」（加緊造飛機、遂行空中決戰；打敗美國空軍、取得制空權）〔註 37〕，展現日本爲達殖民目的，永不放棄的決心。

---

〔註37〕 台北新報社編，《旬刊臺新》創刊號，（台北：台北新報社），昭和 19 年（1944）
　　　　7 月 20 日。

圖 3-50　〈無題〉

佚名，1940/06/01，《臺灣日日新報》。

圖 3-51　〈建設與破壞〉

佚名，1940/06/14，《臺灣日日新報》。

圖 3-52　〈米英擊滅　必勝儲蓄〉

佚名，1943/08/01，《臺灣日日新報》。

## 表6、日本侵略漫畫宣傳足跡簡述

| | 日本本島 | 中國殖民地 | 台灣殖民 |
|---|---|---|---|
| 時間 | 前期：1937 年～1941年的支那事變<br><br>後期：1941 年～1945年的太平洋戰爭 | 1937 年～1945 年的中日全面戰爭 | 前期：1937 年～1941 年的國民精神總動員<br><br>後期：1941 年～1945 年的皇民奉公會 |
| 侵略理由 | 前期：膺懲支那的聖戰侵略<br><br>後期：建立大東亞共榮圈 | 殖民統制野心與大東亞共榮圈 | 「皇民化運動」落實戰爭支援與對天皇效忠 |

| 宣傳類型 | 報紙、雜誌、明信片、宣傳單、海報、展覽活動、士兵慰問袋 | | |
|---|---|---|---|
| 標竿雜誌 | 前期：《幼年俱樂部》、《少年俱樂部》、《少女俱樂部》<br>後期：《漫畫》、《カリカレ》、《決戰漫畫輯》 | 華北的《北京漫畫》、《中華漫畫》；華中的《中國漫畫》 | 前期：《部報》<br>後期：《新建設》 |
| 雜誌特色 | 前期：根據讀者對象實施具體的屬性分類，屬於綜合性文藝雜誌。漫畫內容以連載方式刊登戰爭主題的故事情節。<br>後期：以太平洋戰爭的時局漫畫作為題材，提出「大東亞共榮圈」以及擊滅英美的漫畫主題。 | 由偽政府主辦的漫畫雜誌，介紹時事、政治、趣味、風俗等漫畫內容。推廣中日親善、擊滅英美漫畫，則以時事政治主題安插其中。 | 前期：向民眾傳達總督府的政策，並介紹戰時敵方與東南亞的狀況。其中出現國際局勢為主題的戰爭漫畫宣傳作品。<br>後期：著重於與皇民化運動相關的活動報導。其中出現國際局勢為主題的戰爭漫畫宣傳作品。 |
| 重要協會與組織 | 1940年8月組織「新日本漫畫家協會」；1940年10月成立「大政翼贊會」組織；1940年組織「建設漫畫會」；1943年成立「日本漫畫奉公會」；其他包括有海軍的「大東亞漫畫研究所」、陸軍的「報國漫畫研究會」……等。 | 1938年設立「宣撫班」機構；1938年2月成立「黑白漫畫協會」；1940年3月；1940年3月組織「北京中日漫畫協會」；1943年12月組織「華北漫畫協會」……等。 | 前期：設立「臨時情報部」，於地方上成立支部、支會、分會等組織。<br>後期：成立「皇民奉公會」組織，有支部、支會、分會，分會下設有部落會、奉公班 |
| 宣傳主題 | 一、主打膺懲暴戾支那的侵略宣傳<br>二、策反攻勢擊垮中國士氣<br>三、宣傳偽政府的「中日親善」口號<br>四、提出「大東亞共榮圈」的理念宣傳<br>五、矮化英美國家實力的宣傳 | | 3、40年代《台灣日日新報》的「台日漫畫」專欄（1920～1939）及「時局漫畫」專欄（1940/04～1941/02），其漫畫宣傳主題：<br>一、軍民一心的認同<br>二、醜化敵人的形象<br>三、東亞共榮的理念 |

# 第四章　美國民主主義的反擊漫畫宣傳

## 第一節　反擊漫畫宣傳發展之動向

　　二次世界大戰之前，歐亞各地陸續爆發戰爭時，美國的態度始終保持中立與反戰，僅適時給予盟國大量的武器、物資、能源、科技和經濟支援，對軸心國則給予嚴厲的指責與談判空間，只是到頭來不僅與日本談判未果，卻又遭對方突襲，發生了 1941 年底嚴重的珍珠港事變，該事件的爆發讓美國決定對日宣戰，從中立態度轉爲積極投入戰局，加入同盟國，冀以軍事力量解決歐亞戰區的紛爭。美國在面對日軍不斷擴張太平洋戰役的侵略，聯合英國與中國同盟一起對抗日本，也正式揭開第二次世界大戰的亞洲戰區。

　　從戰事看來，日本無情侵略珍珠港是導致美國決定加入二戰的導火線，但是美國從原本保守中立轉爲積極投入戰爭的行動，主要還是受到取決於民意決定的影響，此乃由於美國民主自由的環境所造就的結果。當時侵略的消息傳回美國本土，美國民眾對日本的軍事行爲無不感到憤怒與不滿，進而支持美國向日本宣戰，漫畫界的畫家們更是以二戰背景爲題材，加以支持民意的反擊態度，訴諸於漫畫宣傳手段，盡可能的醜化並且諷刺日本國家，甚至強烈打擊敵軍不堪一擊的形象，以達宣洩不滿的情緒，並激發民眾愛國正義之熱血，支持美國爲反擊而戰的決心。

　　當時美國漫畫發展也因爲民主自由的社會環境，加上美國領土遠離戰區的侵襲，促進了多元漫畫的流行趨勢，包括有社論諷刺漫畫、娛樂連環漫畫以及海報宣傳漫畫等等漫畫類型，以下將依此類型進行美國漫畫宣傳發展動向的介紹。

## 一、社論諷刺的漫畫宣傳

就報刊漫畫發展的沿革，美國殖民時期對於政治與時事相關漫畫報導已經奠定基礎，在美國報紙上除了出現娛樂性質的連載漫畫之外，常見的有深具諷刺幽默特性的政治漫畫，主題爲探討政治和時事議題爲主，另外也有社會習俗、名人佚事或體育競賽等幽默漫畫內容。尤其政治和時事漫畫內容一直是報刊中表現新聞評論最強而有力的類型之一，美國報紙常以國內外政治問題或事件爲核心，利用詼諧或諷刺的漫畫形式讓新聞主旨成爲公眾輿論的對象，而且內容所討論的課題，多半都是以當下或前後時期現實社會中所發生的事件或問題。這類型的諷刺漫畫持續發燒至 20 世紀初，美國報刊出現所謂的「社論漫畫」，將政治與時事漫畫歸納入其中，負責繪製漫畫的作者則被稱爲社論漫畫家，他們基本上持有客觀思想的評論立場，同時又可以自由發揮創作出傳達自我意見爲主的內容，其作用類似社論文章，這種能夠擁有個人意向的漫畫內容，讓政治時事漫畫進入了成熟多元的黃金時期。〔註1〕由於評論自由加上諷刺漫畫正夯，當時幾乎每份報紙都有社論漫畫（圖 4-1、4-2），包括著名的《芝加哥論壇報》（Chicago Tribune, 1847～迄今）、《紐約時報》（The New York Times, 1851～迄今）、《華盛頓郵報》（The Washington Post, 1877～迄今）、《洛杉磯時報》（Los Angeles Times, 1881～迄今）、《華爾街日報》（The Wall Street Journal, 1889～迄今）……等等。而著名的社論漫畫家也爲數不少，像是西奧多・蘇斯蓋澤爾（Theodor Seuss Geisel 又稱 Dr. Seuss, 1904～1991）、西爾維・傑克遜（Silvey Jackson Ray, 1891～1970）、埃爾默・梅斯納爾（Elmer Messner 1901～1979）、卡爾艾利（Cal Alley 1915～1970）、愛德溫・馬庫斯（Edwin Marcus1995～1961）……等等都是當時利用諷刺漫畫評論戰爭時事的代表人物。〔註2〕

社論漫畫發展至 1930 年代初，曾出現嚴重的對立與分化，主因在於美國當時正逢經濟大蕭條時代，加上民主黨派與羅斯福總統掌控了美國政局，甚至到後來歐戰與亞戰如火如荼的蔓延，延伸出美國是否加入戰局的議題……等因素，致使漫畫界因爲經濟、黨派與戰爭問題，在政治上爲了支持黨派而導致社論漫畫家開始選邊站，並且利用諷刺漫畫不斷攻擊反對的對象，造成

---

〔註1〕 戴逸如主編，《世界漫畫大師精品圖典》（大陸：山東畫報出版社），2008/12，頁 20。

〔註2〕 Aunt Ethel's War,〈A History of World War Two–In Political Cartoons〉。http://ww2cartoons.org/

社論新聞一度失去客觀評論的訴求。直至珍珠港事件後爆發二次世界大戰，才讓整個漫畫界的作者們重新團結起來，一致地用筆戰對抗外面的敵軍，凡具有影響力的美國社論漫畫家紛紛投入戰爭議題，描繪軍事戰爭消息作為社論漫畫的主題，以不同角度和看法來反應美國與世界的形勢，藉此增加戰爭時事的曝光度，讓美國民眾透過圖像接收訊息，關心時事發展，共同抵禦軸心國侵略的威脅，甚至於這些社論漫畫家也懂得利用煽風點火的畫面用來培養民眾熱血的情緒，其內容不乏對軸心國敵人的諷刺與譴責，藉此激起國民的愛國心並且支持盟軍加入戰爭行列一起對抗敵人。

圖 4-1　〈美軍與日本鬼子的戰爭〉

佚名，1941 年 7 月，《芝加哥論壇報》。

圖 4-2 〈和平〉

佚名，1945 年 8 月，《洛杉磯時報》。

## 二、愛國正義的漫畫宣傳

　　二次世界大戰期間，美國社會正流行所謂英雄人物的連環漫畫。連環漫畫起源於 18 世紀的歐洲，後興起於美國。早期的連環漫畫是以報紙副刊上的連載為主，內容充滿幽默和搞笑的風格，直至 1930 年代因為連環漫畫大受歡迎，除了幽默搞笑，也大量出現故事情節的劇情內容，戲劇性意味濃烈。這些漫畫除了透過報刊連載，出版商也以漫畫書（Comic Book）方式結集出版。至於連環漫畫中英雄人物故事的出現乃受到 1929 年美國爆發經濟大蕭條的影響，人們對

社會犯罪率的升高和現實的無奈，讓他們期待更強、更具支配能力的人物出現來扭轉一切，於是英雄主義思想逐漸萌生，並在漫畫界中逐漸發光發熱。美國連環漫畫從 30 年代初期便出現許多私人偵探或具有神秘身分的英雄人物與罪惡進行正邪對抗，直到晚期又誕生了一些具超能力的超級英雄人物，這些都是以匡扶正義、掃除世上的罪惡為目標，為人們帶來無限希望的漫畫角色。

當時美國有兩大漫畫龍頭公司專門出版有關英雄人物的連環漫畫，分別為 1934 年成立的國家聯合出版公司（1967 年改名為 DC 公司）和 1939 年時代漫畫（Timely，1961 年該名 Marvel 出版公司），他們因應社會環境的改變而嗅到商機，於是各自出版許多膾炙人口的超級英雄人物。〔註3〕例如 1938 年，國家聯合出版公司的《動作漫畫》（Action Comics）〔註4〕創刊號上，出現了每個現代人都耳熟能詳的超級英雄人物──超人，他身穿藍色緊身衣、披著紅披肩，胸前還有個盾形的 S 標誌，以力大無窮的力量輕鬆的將汽車高舉頭上，他是世界上第一位偉大的超級英雄人物，也成為往後出現英雄人物的最佳典範。由於超人強大無敵，不可戰勝的身分深受民眾喜愛，出版商甚至獨立為其出版《超人》（Superman）〔註5〕專屬連載刊物，每期銷售百萬份，並在報紙上定期連載。1939 年，同公司的《偵探漫畫》（Detective Comics）〔註6〕第 27 期讓第二號英雄人物誕生，同樣也是後來為人所熟知的蝙蝠俠（Batman），還有其他像是閃電俠（Flash）、鷹人（Hawkman）、綠燈俠（Green Lantern）等等。雖然這些英雄人物都是虛構的角色，但當全世界面臨 20 世紀最大危機的二次世界大戰時，這些英雄人物投身的事件已不再只是虛構故事，而是將背景拉到真正戰爭當中並使其面對真實的敵人。即使美國直至 1941 年才正式參戰，但在這之前的漫畫英雄故事裡，這些英雄主義者早已對敵人表明正義的態度，並且極力阻止法西斯主義蠻橫之行為，許多故事情節經常出現摧毀納粹的潛艇或者對抗法西斯的行動，後來珍珠港事件爆發，這些漫畫裡英雄人物所對抗的敵人也加入了日本軍閥的角色，並將他們繪成醜

〔註3〕　周雨，《美國漫畫發展史》，2009/04/01，頁 3～6。http://i.mtime.com/danteg/blog/1782598/

〔註4〕　DC 漫畫，《動作漫畫》月刊（美國：DC 漫畫公司出版），第 1 卷 1938/06～2011/10；第 2 卷 2011/11～迄今。

〔註5〕　愛德蒙·摩爾漢密爾頓（Edmond Hamilton）等，《超人》（美國：DC 漫畫公司出版），1939～1986/09。

〔註6〕　托尼·丹尼爾（Tony Daniel）等，《偵探漫畫》月刊（美國：DC 漫畫公司出版），1937 年～迄今。

陋兇殘的壞蛋角色，然後再予以痛恨的回擊。以超人漫畫故事為例，戰爭期間從《動作漫畫》與《超人》的連環漫畫書中（圖4-3、4-4），出現不少超人對抗法西斯軍隊，還有以當時東條英機為首的日本軍閥的故事情節，充分表達了美國社會反日情結的情緒效應，而擁有超能力的超人則成為美國代言人，憑著自己的超能力與不壞之身，在漫畫中挺身而出對抗美國的敵人日德軸心國軍隊，其英勇的表現不僅撫慰了民眾心靈精神層面的不安，同時也掀起一股愛國正義的熱潮，積極地激勵了美國年輕人加入正義之戰中。

　　另一家出版公司時代漫畫創立時正逢歐洲和亞洲戰場上的戰事已如火如荼的展開，面對法西斯主義侵略橫行的局勢，時代漫畫公司1940年出版的《漫威漫畫》（Marvel Comics）〔註7〕中第一號漫畫英雄人物潛水人（Sub-Mariner）以摧毀納粹的潛艇成為美國崇拜的對象，之後的火焰人（Human Torch）也如法炮製力抗法西斯的侵略行動。當中最著名也最具代表的反法西斯漫畫英雄則非美國隊長莫屬，1941年3月，由時代漫畫公司出版一本《美國隊長》（Captain America）〔註8〕創刊漫畫的封面出現了身穿紅白藍三色星條服裝，手持盾牌，對希特勒狠狠地抱以正義鐵拳，這是美國隊長的首次登場，並直接以獨立漫畫形式亮相。故事裡的他不像超人本身具有超能力，而是將其角色定位在一個土生土長的美國人，原本只是個瘦弱的青年，由於身材瘦小阻擋了他當兵報效國家的意願，於是他參加了軍方實驗的秘密計畫，服用秘密藥物，成為了具有強壯體魄、實力堅強的英勇戰士，並隨同美國軍隊一起對抗敵人，這代表著一位可以真正象徵美國精神與愛國主義的英雄人物就此誕生。美國隊長不只對付納粹軍隊（圖4-5），在《美國隊長》漫畫書中也曾出現對抗日本軍閥的劇情（4-6），以血淋淋的暴力回擊制伏敵人，讓讀者大快人心，同樣掀起民眾愛國正義的熱潮。

　　隨著一本本英雄人物連環漫畫的熱銷，到了40年代初，已有大批英雄人物活躍在漫畫第一線，尤其以追隨美國軍隊一起對抗敵人的題材更是熱門，因此，美國漫畫界將二戰期間視為漫畫發展巔峰的黃金時期，一直到戰爭勝利結束，隨著這些英雄人物的使命跟著解除，其光芒熱潮也逐漸流逝，許多漫畫人物也走入歷史，只剩下零星的英雄人物還能夠在報紙書刊中繼續連載，但戰後的故事發展內容也早與二戰期間的劇情毫無關聯。

---

〔註7〕　約瑟夫・喬・克薩達（Joe Quesada）等編輯，《漫威漫畫》（美國：時代漫畫公司），1939年～迄今。

〔註8〕　喬・西蒙（Joe Simon）等，《美國隊長》（美國：時代漫畫公司），1941/03～1954/09。

圖 4-3　《動作漫畫》封面

傑克伯恩利（Jack Burnley），1943 年 8 月，第 63 期，DC 漫畫出版。

圖 4-4 　《超人》封面

弗雷德‧雷（Fred Ray），1942 年 7、8 月，雙月刊第 17 期，DC 漫畫出版。

圖 4-5　《美國隊長》封面

阿維森，鋁（Al Avison），1942 年 4 月，第 13 期，Marvel 公司出版。

圖 4-6 　《美國隊長》封面

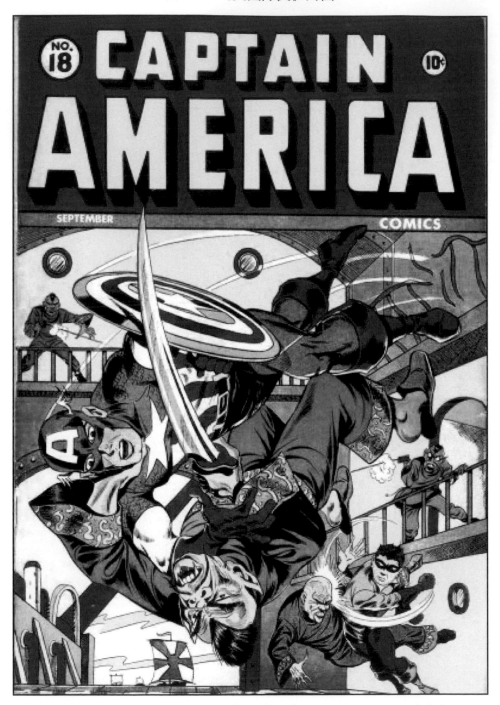

阿維森，鋁（Al Avison），1942 年 9 月，第 18 期，Marvel 公司出版。

## 三、中央政府的漫畫海報宣傳

　　戰爭期間，除了美國民間企業出版的連載漫畫與社論漫畫成為了向民眾積極推行反擊漫畫宣傳的管道，就中央政府而言，面對戰爭所主打的宣傳戰中，也有專業藝術家受命執行描繪有關美國戰爭海報與宣傳單的作品，其中又以印製戰爭海報為大宗。二戰期間，美國政府負責統籌中央的宣傳戰、整合政府與民間的能力資源，並且擴大宣傳力量的宣傳單位是由 1942 年 6 月 13 日成立的戰爭資訊局〔註9〕（ The Office of War Information, OWI）所主導。其任務負責統一並強化政府新聞與資訊工作，利用傳播媒體與平面宣傳單來對國人進行戰爭宣傳活動。戰爭資訊局下又設有平面設計局，負責統合、生產、印製和分配政府的戰爭宣傳品，生產宣傳品部分招集許多從事插畫、漫畫、美術、設計的藝術家們投入宣傳戰行列，當時繪畫設計群包括有福雷格（James Montgomery Flagg, 1877～1960）、洛克威爾（Norman Rockwell, 1894～1978）、亞瑟爾頓（John Carlton Atherton, 1900～1952）、米勒（J. Howard Miller,1918～2004）、卡盧（Jean Carlu, 1900～1997）、拜耳（Hrtbert Bayer, 1900～1985）……等等〔註10〕，他們在當時都設計了具有影響力的平面繪畫宣傳作品。而印製大部分的平面宣傳單則以海報、宣傳單、中央報刊為主。

　　這些平面繪畫的戰爭海報與宣傳單，大部份針對美國本土民眾作為宣傳對象，透過分發機制張貼於全美的每一城市與鄉鎮，甚至定期更新海報內容，其目的是要宣揚美國面對戰爭的一切，利用大眾化的視覺訊息時時提醒民眾二次大戰是為誰而戰以及為何而戰，藉此激起民眾強烈愛國心並且達到鼓舞民心的作用，這與中國抗日期間四處張貼抗戰宣傳單並舉辦抗戰漫畫宣傳展覽活動的意義深具異曲同工之妙。如〈杜絕軸心國〉（Stamp out the Axis）的海報（圖 4-7）是由美國政府輔導民間企業「安全鞋業公司」所製作的宣傳品，畫面中出現幽默詼諧的圖像，讓自家的安全鞋踩踏軸心國德日義元首，為其品牌提出三項優點：「防止腳趾受傷、保護丟失的工時、幫助贏得戰爭的勝利！」，顯見該海報本質是為戰爭所做的宣傳目的，加深民眾認知反擊戰爭的重要性。又如〈鎮壓住他們〉（Stamp 'em Out'）（圖 4-8）則是鼓勵民眾支持

---

〔註9〕　中文研究學者將 The Office of War Information 翻譯成戰訊新聞處或者戰爭資訊辦公室等。

〔註10〕 蔡綺，《從戰爭海報看海報戰爭：二次世界大戰美國宣傳海報研究》（臺北：七月文化事業有限公司，2000/01），頁 51～65。

戰爭的努力，希望他們購買郵票和債券的海報，利用「鎮壓住他們」（Stamp 'em Out'）和「美國郵票債券」（U.S. Stamps and Bonds）當中 Stamp 單字不同詞類的雙關意涵，再搭配畫面描繪出敵軍元首希特勒、墨索里尼和裕仁天皇的頭顱相互聯結，其簡潔有力又主題明顯的海報風格使人一目了然。這些諸如此類的題材手法在美國戰爭海報宣傳中屢見不鮮。

圖 4-7 〈杜絕軸心國〉

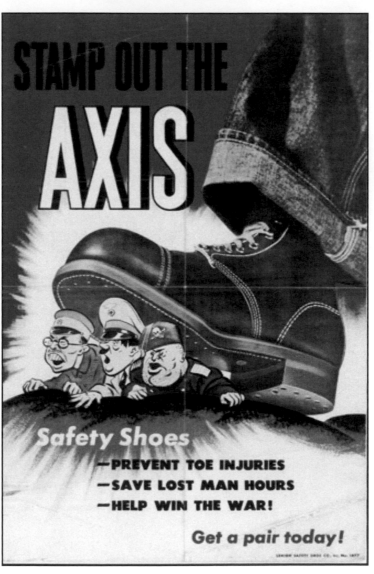

佚名，二戰期間，海報，利哈伊安全鞋業有限公司。

圖 4-8　〈鎮壓住他們〉

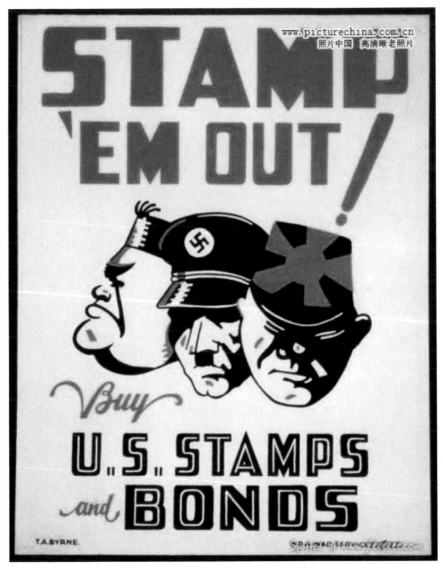

佚名，二戰期間，海報，利哈伊安全鞋業有限公司。

## 第二節　反擊漫畫宣傳的推行要素

　　面對日本無預警的襲擊美國珍珠港地區，造成重大傷亡，再怎麼冷眼旁觀的美國民眾也不願接受自己同胞慘遭外族侵略的事實，他們的憤慨與痛恨引發一連串的反日情結效應，透過漫畫宣傳作品便可窺知一二。而民主主義

的自由宣示不僅協助民意支持戰爭，同時也幫助美國漫畫家在創作反擊戰爭題材上，讓議題更加多元且豐富。因此，筆者針對反日情結與民主自由等推行反擊漫畫宣傳的要素做探討。

## 一、珍珠港事變後的反日情結

當歐亞各地陸續爆發戰爭之時，美國的態度始終保持中立的決定，除了適時提供盟國支援，對軸心國的態度除了給予指責，同時也不斷進行談判與溝通，希望有助於降低國際間戰爭蔓延的危險性，只是沒想到與日本談判未果，日軍趁機突襲美國珍珠港，進而爆發太平洋戰役，美國在一片撻伐聲中決定加入戰場，正式揭開第二次世界大戰的亞洲戰區。

往前追溯至 1941 年 2 月正當美日持續進行秘密談判時，日本其實早已私下進行太平洋戰爭的準備工作。直到談判破裂，1941 年 11 月日方決定對英美荷西方國家準備作戰，有計畫的發動一場日本有史以來最大的軍事活動，航空母艦離開日本港向浩瀚太平洋挺進，12 月 7 日凌晨，數百架日本飛機從航空母艦上起飛，開始襲擊美國太平洋艦隊的基地珍珠港。由於當地大多美國士兵與民眾都還在睡夢中，反應不及無法適時抵禦的情況下，珍珠港基地歷經前所未有的無情轟炸，導致有數艘戰列艦被擊沉、數百架飛機被擊毀、上千多名美軍官傷亡，其災情相當慘重。日本當時決定突如其對美國侵犯，除了因為自己擅自決定擴大侵略範圍，進一步達到建立大東亞共榮圈的野心，此舉引起美國不滿並遭美國禁運和制裁之外，日本也認為美國很可能會以軍事手段出面干預，於是決定先下手為強，將美國太平洋艦隊摧毀破壞，企圖在美國艦隊重建完成之前攫取所有資源，作為與歐美同盟國家長期抗戰或談判的有利條件。

對毫無準備、事先也未收到相關情報的美軍來說，這是一場巨大的浩劫，該事件衝擊美國本土所有民眾，不敢相信日本竟敢趁人不備之時，做了如此卑鄙的舉動。珍珠港遭到襲擊也成為各大報紙的頭條新聞。所有美國民眾無不群起激動憤慨，並從過去要求中立不參與戰爭的保守孤立態度，轉而支持反擊日軍侵略的戰局以誓言討回公道，同時也加深對日本國厭惡的反日態度。珍珠港事變後隔天，民意的支持讓美國總統經由國會通過了宣戰聲明，美國正式加入第二次世界大戰，與同盟國家站一陣線，一起抵抗共同的敵人。

美國反日情結並非在珍珠港事變後才發生，而是早期美國媒體逐增報導有關日本走向軍國主義後開始對外侵略的暴行，引發美國社會對其產生批判

的意見，尤其 1931 年以後，日本侵略中國東北地區並且建立殖民滿洲國的行徑，更讓美國民眾對日本形象完全破滅，加上中日全面抗戰期間，透過外交政策中國國民政府不斷遊說美國介入戰局，1943 年 2 月，宋美齡更在羅斯福總統夫人埃莉諾·羅斯福（Anna Eleanor Roosevelt,1884～1962）的邀請下前往白宮擔任貴賓，並於美國國會以一口流利的英文發表演說，成為第一位在美國國會發表演說的中國人，宋美齡積極說服美國應將注意力從歐洲戰場轉移到日本對中國侵略，希望美國能積極介入中日戰爭，以使日本勢力離開中國。〔註 11〕她的發表使得美國人對中國艱苦抗戰的英勇表現產生由衷敬意，相反地，對日本的負面批評聲浪卻也越來越多。通過當時社論漫畫的報導，舉凡與東亞地區有關的戰況時事，日軍絕對是被批判諷刺的對象。

　　由於戰前所蘊釀的反日情緒不斷蔓延，直至珍珠港事變更成為美國反日情結達到高潮的導火線。許多美國人對日軍此次的偷襲視為懦夫行為不斷加以譴責，美國本土民眾更是激起排日情緒，開始排擠日裔美國人，甚至於 1942 年 2 月美國總統下達了行政命令將數十萬美國籍日本僑民集中囚禁拘留〔註 12〕，從這些不公正的待遇中，看到了種族歧視的迫害就發生在現實社會之中，更何況當時政府宣傳單位以醜化敵人形象作為宣傳策略，發行不少藉極端種族主義為議題的海報，以及民間出版單位或是社論漫畫家為傳達戰爭的正義性，毫不客氣的將日軍描繪成貪婪醜陋、無惡不作的敵人，大肆醜化日軍的嘴臉與暴行，彷彿只有藉由誇張的諷刺圖像才能傳遞出對日本歧視的不滿與憎恨。由此可見，二戰期間美國針對日本所推行的反擊漫畫宣傳，部分因素是建立在這種反日情結的態度上面。

## 二、民主國家的自由意識

　　一個被視為真正民主社會的國家，應該要對公開發表的思想言論有高度保護，無論是報紙、雜誌、書籍、電視、網路等等多元媒體，我們可以從美

〔註 11〕　陳廷一，《宋美齡全傳》（大陸：青島出版社），第二版，1996/01，頁 334～335。
〔註 12〕　1942 年 2 月 19 日，在日本人偷襲美國夏威夷珍珠港後的兩個半月後，美國總統富蘭克林·羅斯福下達了第 9066 號行政命令，授權美國陸軍部部長確定國內某些地區為「戰區」，並可以對生活在戰區的人加以任何必要的限制，甚至可以把他們排斥在戰區之外。
　　　　任東來，〈戰時的公眾自由和種族——第二次世界大戰期間日裔美國人被拘留案〉，《美國憲政歷程——影響美國的 25 個司法大案》（北京：中國法制出版社），2013/01。

國身上看到這樣的經歷。早在美國《憲法》於 1791 年 12 月 15 日生效的《人權法案》（Bill of Rights）附加以保護個人自由和權利的十條憲法修正案，主要用意是明文限制政府的干涉。其中的第一條修正案便確定了媒體的言論自由，為新聞出版自由提供了保障。如此自由意識也反映在漫畫發展的環境裡，也因為有了憲法的保護，才能讓美國的漫畫創作不論是政治諷刺漫畫還是娛樂連載漫畫都能得到多元的發展。

美國面對言論自由的保障並沒有因為世界大戰而遭到破壞，相反地，它反而成為了二次世界大戰期間，美國反擊軸心國的重要宣言。在美國尚未捲入二次世界大戰之前，整個社會氛圍其實傾向反戰爭的中立態度，但是政壇上依舊有支持孤立主義的反戰立場與主張對抗法西斯主義獨裁者的兩派人馬，彼此不斷針對國際形勢的爭論有所衝突，加深了美國國內各政治派系之間的鴻溝。然而法西斯軍隊聲勢壯大，戰爭蔓延早已迫在眉梢，1941 年 1 月 6 日，深感戰爭即將威脅美洲的美國總統富蘭克林・羅斯福要求國會通過租借法案（Lend-Lease Program），把必要的武器裝備提供給歐、亞洲那些受到法西斯主義侵害的國家，以進一步防禦美國的安全與利益，為了說服國會，他藉由演說向民眾宣佈了四項「人類的基本自由」分別是言論自由（freedom of speech）、信仰自由（freedom of worship）、免於匱乏的自由（freedom from want）、免於恐懼的自由（freedom from fear）。〔註13〕這項演說宣言不僅讓租借法案於 3 月 11 日得已生效，同時也被認為是關於美國人民準備為之奮鬥原則的最簡要聲明。

同年 12 月，當美國因為珍珠港事變，決定向軸心國宣戰時，美國政府擔心美國人民只是因為仇恨日本偷襲珍珠港而熱衷反擊戰爭作為討還血債的目的，反而忽略了民主自由最大的敵人——法西斯政權，因此再次提出「四大自由」的宣言作為戰爭目的，強調二戰應該是以武力保衛民主主義的戰爭；應該是為保衛四大洲不被征服者所控制而戰。1942 年，羅斯福在一次無線廣播演講中針對這項主張宣稱：「四大自由乃是所有信仰、所有種族、無論在何處生活的人，都應擁有的權利的具體體現；四大自由顯示了『我們與我們今天所面對的敵人之間存在著的關鍵區別』。」〔註14〕，加上

---

〔註13〕 亨利・斯蒂爾・柯美澤主編，《美國歷史文獻選集》，美國國務院出版，1961。
（美國資料中心：http://www.americancorner.org.tw/zh/living-documents-of-american-history）
〔註14〕 埃裏克・方納，王希譯，《給我自由——一部美國的歷史》，北京商務印書館，2002，頁 314。

當時的新聞媒體也大力支持將戰爭定義為一場「為爭取自由的人民戰爭」〔註 15〕，這些行動讓這四大自由的宣言從一開始只是代表美國民主國家的思想，有機會擴張到全世界重視和平的所有民主國家，堅定不移地反對暴政的侵略。

對美國而言，四大自由可以說是繼《憲法》修正案以來，再次為言論自由提出更明確的保障，它成為自由主義意識形態的框架，因此，二戰期間的戰爭漫畫宣傳也同樣受到這項自由的保護，加上美國加入二次世界大戰後，由於戰爭區域並未波及美國本土，所以對於美國社會的印刷出版事業並未受到重大破壞，依然可以自由推行連環漫畫故事的書刊以及社論漫畫的報紙評論，透過大量漫畫宣傳戰爭時事以及批判敵軍的暴行，有利於漫畫行業更加蓬勃流行，因而漫畫界人士總是將二戰期間視為美國漫畫發展的黃金時期。

如此真正的民主自由造就了美國報刊社論漫畫還有連載漫畫的誕生。社論漫畫中，政治漫畫家可以公然反抗對當局政府決策的不滿，並且自由提出批評、諷刺的看法，也可以為二戰時的戰況表示關切，自由反擊軸心國法西斯主義的暴政；至於連載漫畫家則可以天馬行空創造出拯救地球百姓的超級英雄人物，體現了民主正義的榮譽感，成為另類的反擊戰爭宣傳表現。這些漫畫形式再怎麼運用諷刺批判、幻想暴力的內容都不會使漫畫家被政府當局盯上，甚至抓去審判或坐牢，這與同一時期日本軍國主義禁止漫畫家提出反戰思想以及中國國民黨政府禁止漫畫家批判政府的行為，出現相當大的差異性，而美國這種民主自由的新價值觀也是保守傳統國家中所不及的。

## 第三節　反擊漫畫宣傳的內容走向

美國的反擊漫畫宣傳在多元漫畫類型發展的題材上得到廣泛的運用，不論社會企業還是美國政府全都卯起來為宣傳戰付出心力，紛紛創作出許多追尋正義、捍衛自由、批判敵軍等等愛國表現，相關主題包括有愛國正義化身、鼓舞戰勝士氣的諷刺評論、種族貶義的醜化形象、心理戰術策反日軍投降、呼籲盟軍合作團結等宣傳，大多以幽默詼諧的畫面呈現於民眾面前，以下針對反擊漫畫內容主題進行圖例分析解說。

---

〔註15〕同上，頁 321。

## 一、愛國正義化身的反擊宣傳

美國對於自己參與二次世界大戰的角色定位並非設定為被侵略或是去侵略的國家，雖然因為日軍偷襲珍珠港後，美國才決定參戰，但是美國對外主打的理念是為全世界的民主自由而戰，並非針對日本偷襲的惡行（或許背後也是為了自己國家利益不得不挺身而出），因此這場戰爭中，美國投入的戰役除了亞洲太平洋戰爭連同也要應付歐洲法西斯主義的勢力。由此看來，美國的角色似乎想要塑造本身在國際領導戰爭的光榮感，猶如正義大哥的姿態，在關鍵時刻決定出錢出力與這些同盟國家合作一起驅趕惡勢力。

因為如此，在反擊戰爭的漫畫宣傳內容，可以看到美國描繪代表自己的角色中，充滿愛國主義又夾帶正義的威信顯得十分濃厚。以連環漫畫為例，漫畫中能夠象徵美國人的正義對象，較常見到的如英雄人物超人（Superman）、美國隊長（Captain America）……等等都被投射成為代表美國正義的化身，雖然這些英雄人物並非真實，但在漫畫世界中他們代替國家懲奸除惡的畫面，尤其在二戰期間對於陷入戰爭的社會民眾來說，還是能引起不少激情歡呼的快感與共鳴。例如第 24 期《超人》封面（圖 4-9）的英雄超人挺拔站立手持美國國旗，彷彿在告訴世人超人乃身為美國的代言人，象徵愛國正義之化身，又如 22 期《美國隊長》封面（圖 4-10），畫面中美國隊長成為美國代表，率領美國海空軍隊登陸日本佔領區，毫不客氣予以反擊，將敵人打的落花流水；另外，美國山姆大叔（Uncle Sam）（圖 4-11）在二戰中也成為了美國的典型象徵，其實早在一次世界大戰時，山姆大叔便已被創造於海報人物中，以老人形象表現出一身穿著星條旗紋樣的禮服，頭戴星條旗紋樣的高禮帽，身材高瘦，<u>鷹勾鼻</u>以及留著山羊鬍子，眼睛炯炯有神的模樣。當時的設計是為了打造一個誠實可靠、吃苦耐勞以及愛國主義的形象作為徵兵海報的人物，沒想到卻意外受到美國人的歡迎，以及留下深刻的印象，以致於二次大戰後山姆大叔更成為了代表美國國家的影射圖像，其愛國主義的正義形象也被美國人視為自己民族的共同特質，於是經常活躍在宣傳畫與海報當中，許多社論漫畫家也會描繪山姆大叔的形象作為美國正義表現的意象代表，如〈願上帝幫助我們〉（So Help Us God，圖 4-12）、〈黎明光芒如閃電般〉（The dawn came up like thunder，圖 4-13）。除了人物之外，反擊漫畫宣傳作品中也經常搭配美國國旗以及美國國鳥白頭鷹形象，不僅在畫面中強化國

家的意象表現，通常也被美國人民視為自己的民族精神之光榮正義的象徵，如〈什麼樣的成就〉（And what an accomplishment，圖 4-14）、〈通過空中力量的勝利……通過空中力量的和平〉（Victory through airpower... peace through airpower，圖 4-15）。

圖 4-9　《超人》封面

傑克伯恩利（Jack Burnley），1943 年 9、10 月，雙月刊第 24 期，DC 漫畫出版。

圖 4-10　《美國隊長》封面

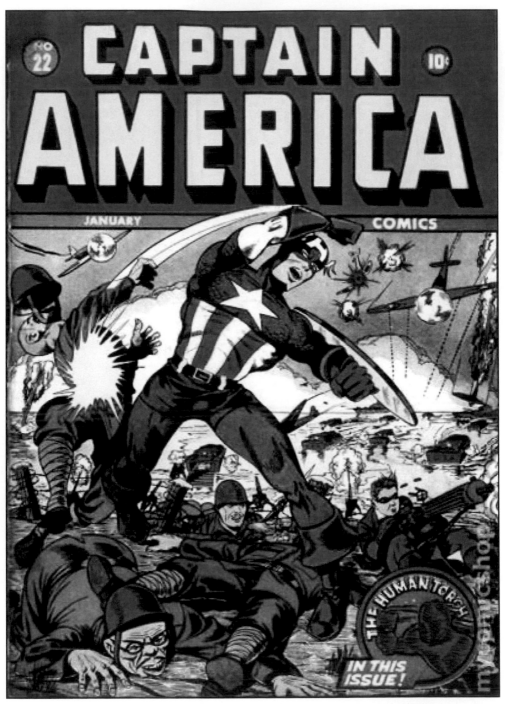

阿維森（Al Avison），1943 年 1 月，第 22 期，Marvel 公司出版。

圖 4-11　〈山姆大叔〉

福雷格（James Montgomery Flagg），1917 年，海報設計。

圖 4-12 〈願上帝幫助我們〉

卡爾艾利（Cal Alley），1941/12/8，《納什維爾旗幟報》（Nashville Banner）。

圖 4-13　〈黎明光芒如閃電般〉

西爾維·傑克遜（Silvey Jackson Ray），1941/12/8，《堪薩斯城星報》（Kansas City Star）。

圖 4-14 〈什麼樣的成就〉

西爾維‧傑克遜（Silvey Jackson Ray），1942/12/1，《堪薩斯城星報》（Kansas City Star）。

圖 4-15　〈通過空中力量的勝利……通過空中力量的和平〉

華特·迪士尼（Walter Elias Disney），1943 年，海報設計。

## 二、鼓舞戰勝士氣之時事諷刺評論

　　美國是個充滿樂觀與希望的民族國家，自決定宣戰並投入戰爭以來，對每場戰役都是認真應付，即便有時戰況不盡理想，但美軍總不輕易放棄，會繼續努力前進以達成勝利為目標，這樣奮戰不懈的精神影響了美國社會評論戰爭時事時，給予民眾的訊息通常是報喜不報憂，尤其在報紙評論大戰時事的社論漫畫中，比較針對戰況時事加以深入批判，以太平洋戰爭時事為例，自珍珠港事變後，美國向日本宣戰開始，面對日軍暴行侵略東南亞及太平洋群島一帶，美國投入了大量的士兵、武器和戰艦展現了誓死反擊，毫不放棄的決心，過程中經歷了空襲日本東京、珊瑚海海戰（The Battle of Coral Sea）、中途島海戰（The Battle of Midway）、塔拉瓦戰役（The Battle of Tarawa）、硫磺島戰役（The Iwo Jima）、沖繩島戰役（The Typhoon of Steel）……等等，面對每個階段的戰役，美軍都竭力進攻突破日軍攻略防線，並逐漸在戰況表現上獲得不錯的成果。而每當遙遠的戰況訊息傳回美國本土時，變成為社論漫畫家在報刊上評論的對象，其內容幾乎描繪有關美軍佔上風、得勝仗的消息，順便藉此諷刺日軍將敗的結果，使美國人民消除了先前珍珠港被襲擊所引起的沮喪和失敗情緒，同時讓人們感到美國正在奮起反擊的士氣已經崛起。就連虛構的連載英雄漫畫故事即使非針對戰爭時事，但其故事題材偏向剷除罪犯與拯救世界的結果論同樣也能帶給民眾懲奸鋤惡的痛快，尤其在二戰期間甚至能帶動鼓舞士氣的作用。

　　畫作中，漫畫家們常用的題材多是利用強而有力的手臂、巨大的砲彈代表美軍的氣勢如虹，又或者表現日軍傷亡殘兵的形象以及落日圖像象徵日本將敗的諷刺，利用強烈落差形象，成為鼓舞民眾士氣的有利條件。尤其 1944 年以後戰局對美軍及同盟國越來越有利的情況下，報紙上充滿了樂觀預測的社論文章與漫畫更是不勝枚舉，帶給了民眾無限的希望。例如社論西爾維·傑克遜（Silvey Jackson Ray, 1891～1970）的作品代表，如〈交付貨物〉（Delivering the goods）（圖 4-16）表示為了報復日軍偷襲珍珠港，美軍於 1942 年四月中旬駕駛轟炸機襲擊日本東京和其他城市，大膽的襲擊雖然沒有造成嚴重傷亡，但此舉反而給予美國一個鼓舞士氣的機會並且為日本人帶了無比尷尬。漫畫家將這個消息利用詼諧諷刺手法呈現出來，畫面中象徵美國正義的美國大叔駕駛轟炸機投下一顆巨大砲彈不偏不倚的掉落在東京城市，而且還不忘留下一句「這只是樣品」，告誡意味十足；〈在中途島猛擊日軍〉（Jolt the JAPS at Midway）（圖 4-17）描繪 1942 年 6 月日軍計畫攻擊夏威夷群島的前哨陣地中途島，美軍決定先發制人，利用空軍戰機擊沉了日方的航空母艦、重型巡洋艦及驅逐艦以及數百艘戰機，此舉不僅振奮了同盟國的士氣，也讓慘敗的日本聯合艦隊從此一蹶不振，無力發動大規模的海空作戰。故歷史上稱中途島戰役是太平洋戰爭的轉折點，對二次大戰有決定性的影響。就在這場戰役發生前一刻，社論漫畫家西爾維·傑克遜早已表現出美軍終將給予日軍致命的一擊，畫面中代表美國的一隻大手帶著拳擊手套朝著無力反擊的瘦弱日本人大力的重擊，象徵美軍將擊敗日軍並取得勝利。

圖 4-16　〈交付貨物〉

西爾維·傑克遜（Silvey Jackson Ray），1942/04/01，《堪薩斯城星報》（Kansas City Star）。

圖 4-17 〈在中途島猛擊日軍〉

西爾維‧傑克遜（Silvey Jackson Ray），1942/06/01，《堪薩斯城星報》（Kansas City Star）。

　　其他畫作如埃爾默‧梅斯納爾（Elmer Messner 1901～1979）的〈夕陽〉（Setting Sun）（圖 4-18），自 1943 年開始，美國與盟軍對德國與義大利領土採取積極進攻，同時也在太平洋戰爭中展開大規模的反擊，均獲得相當豐碩的戰績。在同盟國團結合作的攻勢下終於讓美軍從日軍手中取得並掌握太平洋戰爭的戰略主導權，為美國與同盟國帶來樂觀取勝的希望。因此，漫畫家利用日本傷兵黯然地望著夕陽景象，用來譏諷日本將如同它的國旗將會像落日一樣黯淡無光，步入戰敗的局面。卡爾艾利（Cal Alley 1915～1970）所繪〈日本仍然有很長的路要走〉（Japan is still a long way off）（圖 4-19）是在 1944 年夏季後，美國的陸海空軍在太平洋戰場上已取得了絕對優勢，自 6 月至 11 月攻擊在馬裏亞納群島及帛琉的日本軍隊，不僅攻佔日軍在中太平洋的軍事基地，更開始對日本本土實施戰略轟炸。雖然日軍試圖反抗，但最終屈服於美國壓倒性的軍事優勢。此畫面乃根據當時的戰役描繪美軍登陸塞班島（Saipan）奪下日軍的軍事基地後，立即用美國大砲對準日本展開轟炸反擊。該同一事件中的議題，另一位漫畫家愛德溫·馬庫斯（Edwin Marcus1995～

1961）也發布了一張漫畫作品〈B29 轟炸襲擊〉（B29 raids）（圖 4-20），描繪美軍發動了當時最大型的 B-29 超級堡壘轟炸機（B-29 Super fortress）在馬裏亞納群島戰役以及襲擊日本本土實施戰略轟炸中，發揮了最大功效。畫面中出現猶如蜜蜂一樣成群結隊的 B-29 轟炸機襲擊已經被盯得滿頭包且趴躺在地上的日本東京代表，暗示日本將遭到慘重的損失。

圖 4-18 　〈夕陽 Setting Sun〉

埃爾默·梅斯納爾（Elmer Messner），1943/08/01，《羅賈斯特時報》（Rochester Times Union）。

圖 4-19 　〈日本仍然有很長的路要走〉

卡爾艾利（Cal Alley），1944/11/10，《羅賈斯特時報》（Rochester Times Union）。

圖 4-20 〈B29 轟炸襲擊〉

愛德溫·馬庫斯（Edwin Marcus），1944/11/10，《紐約時報》（N.Y. Times）。

## 三、種族貶義醜化日軍形象的宣傳

自珍珠港事變至二戰爆發後，美國電視廣播媒體、報紙社論等大幅對軸心國暴行加以報導，在戰爭宣傳畫中更是出現不少以插畫或漫畫方式，描繪誇大臉部五官特寫來醜化敵人的形象。尤其針對日軍的暴行，自從他們毫無預警偷襲珍珠港，造成美國慘重的傷亡，讓全美上下充斥著反日的情緒，更將 12 月 7 日視為國恥日，為了發洩國家及民族所遭受的恥辱，藝術家們在宣傳畫上更是藉著極端的種族主義作為議題，大量繪製醜化日本的形象，其中不少以當時日本內閣首相東條英機（1884～1948）作為醜化、嘲諷、挪瑜的主題對象（圖 4-21），例如〈去吧！去休假吧！〉（Go ahead, Take Day Off）（圖 4-22）以及〈謝謝你逃學！〉（For PLAYEE 'HOOKEY' Thanks Please!）（圖 4-23）等宣傳海報採用了反諷法，故意用日軍的口吻以相反的意思對美國民眾提出要求，實質上是要告知民眾這就是敵軍的企圖與計謀，畫面中充滿猙獰、狡猾的人物便是參考東條英機的形象加以醜化而來，誇示的斜眼、爆牙與招牌圓框眼鏡也成為了日後戰爭宣傳畫中用來傳達日本邪惡醜陋的典型人物造型。另一方面，這些醜化形象也出現在揭露日軍暴行的主題畫面當中，以便讓美國民眾清楚知道日軍的殘暴與墮落，藉此加深反日情結的效應，如〈惡魔，威脅你的家園和國家〉（Threatens Your Home and Country）（圖 4-24）該

畫面中日本首相化身為頭上長角的惡魔，手拿一把沾有血跡的匕首正在尋找下手的目標，而且所到之處皆為火海；又或者〈這就是敵人〉（This is the enemy）（圖 4-25）畫面中身穿日本軍服的東條英機一手持槍，另一手扛著遭擄掠的裸女，一付貪婪的模樣似乎是為揭露日軍對待侵略國家婦女的暴行。此類作品不僅揭發敵人的野心與暴行，引起了美國民眾高度關注，更重要的目的是，能夠挑起仇日情緒以激發國民的愛國心。

除了誇張醜化的造型，漫畫家也擅長將日軍形象畫成獐頭鼠目或者毒蛇猛獸的模樣以襯托出敵人殘暴、血腥的本質，如海報漫畫中的〈日本捕鼠器〉（Jap trap）（圖 4-26）、〈美國海軍陸戰隊〉（The united states marines）（圖 4-27）以及社論漫畫的〈中途島去漬棒〉（Midway tide-stick）（圖 4-28）畫面中日本形象搖身一變不是成為老鼠、八爪章魚的模樣，就是爬蟲類如蟲子、毒蛇以及其他怪異動物的樣子，極盡地給予醜態的造型容易令人感到厭惡和嫌棄。這種利用幽默諷刺的手法加以調侃、揶揄的宣傳畫類型，甚至讓這些醜陋變形的日本形象備受攻擊的畫面，暗喻或明示日軍終將成為被美軍攻擊的對象，例如老鼠被捕鼠器捕獲，章魚被美軍用火槍攻擊，蟲子被棒子用力打頭等內容，顯示美國對日宣戰之後，決定化悲憤為力量，將反日情結轉化為主動攻擊，不論是真槍實彈或是宣傳筆戰都不能放過日軍的蠻橫無理的暴力行為。

圖 4-21　日本內閣首相東條英機照片　　圖 4-22　〈去吧！去休假吧！〉

佚名，1943 年，德士古公司（Texaco）印製。

圖 4-23　〈謝謝你逃學！〉

佚名，二戰期間，科爾尼＆特雷克公司（Kearney & Trecker Corporation）印製。

圖 4-24　〈惡魔，威脅你的家和國家〉

佚名，1942 年，哥倫布市（Columbus）印製。

圖 4-25 〈這就是敵人〉

佚名，1942 年，海報，《從戰爭海報看海報戰爭》。

圖 4-26 〈日本捕鼠器〉

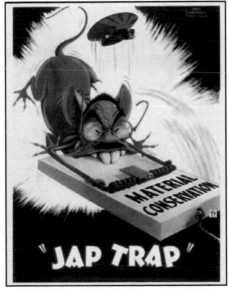

傑克·坎貝爾（Jack Campbell），二戰期間，海報，道格拉斯飛機公司印製
（Douglas Aircraft Company）。

圖 4-27　〈美國海軍陸戰隊〉

佚名，二戰期間，海報宣傳，美國戰爭資訊局（OWI）。

圖 4-28　〈中途島去漬棒〉

西奧多・蘇斯蓋澤爾（Theodor Seuss Geisel），1942/06/10，PM Magazine。

## 四、策反日軍投降的心理戰術

　　戰爭期間，美國如同其他國家，投擲大量宣傳單給敵國企圖打擊他們的
戰鬥意志，即便是橫跨太平洋的遠東日本國也成為投擲的目標，每當美國多
次反擊日本領土或是被日軍攻佔的島嶼，伴隨著飛機與精英陸軍投擲炸彈與
燃燒彈的同時，也會看到數百萬計的「紙炸彈」〔註16〕跟著墜落到目標地區。
這些宣傳單雖然並不能夠直接殺害敵軍，但通過不斷的滲透與警示還是會對
士兵或百姓們的心理壓力造成極大的殺傷力。

　　宣傳內容主題分有幾個項目：第一、向日本強調美國卓越的軍事實力；
第二、向日本民眾顯示政府打仗是為個人利益與出賣國家的自私領導者；第
三、柔性訴求勸導日本士兵投降。首先，向日本強調美國卓越的軍事實力，
目標是為打擊日軍的自信心，讓日本社會民眾知道美國的實力勝過日本，若
持續戰鬥只會造成徒勞無望的結果。如〈轟炸〉（圖 4-29）是美國投擲至日本
島嶼的宣傳單，呈現美軍駕駛 B-29 轟炸機襲擊東京城市的摧殘圖像，被炸毀
的大樓以及死傷慘重的情況，其傳單的目的是使日本平民百姓對美軍轟炸產
生恐懼，讓他們明白，結束戰爭重建家園比繼續進行絕望的抵抗更能表達對
自己國家的愛國表現；後一張〈美國壓倒性的海空軍事〉（圖 4-30）描繪在無
數的飛機、坦克、軍艦的支援下，美軍強大的飛機和軍艦全部瞄準日本並準
備登陸，目的是想展示美國軍事威力，同時表明日軍的抵抗將是徒勞無功的
結果。其次，宣傳日本政府打仗是為個人利益與出賣國家的自私領導者，主
要是想讓日本民眾對戰爭目的產生質疑，進而引導軍國主義必敗的思想輿
論，如〈疾病隨戰爭而來〉（圖 4-31）利用疑心病的題材來降低敵人的士氣，
畫面中描繪一個日本軍官身後跟隨著一隻象徵疾病和死亡的奇怪怪物，在日
本婦女和兒童的屍體上爬行，暗喻家園的疾病和死亡都來自於遭受戰爭的破
壞，伴隨每一次轟炸都將使國家變得更不潔淨，並且更加難以控制疾病，唯
有結束軍國主義才能避免戰爭帶來的災難；另一張宣傳單〈日本軍閥錯估美
國實力〉（圖 4-32）描繪代表日本軍閥的人物一副張嘴露齒奸笑的模樣正看著
顯示日軍軍事實力的地圖，為了侵略野心卻忽略了在他身後象徵美國的山姆
大叔站在張開雙臂，展示更強大的飛機、炸彈與戰艦的實力。最後，柔性訴
求勸導日本士兵投降，採以安撫方式取信日本士兵，告知他們美軍並不打算

---

〔註16〕所謂的「紙炸彈」是將宣傳單塞入空包彈中藉由轟炸機空投時，順勢將這些
　　　　宣傳單投到敵方領土。

圖 4-29　〈轟炸〉

佚名，1945/05/30，宣傳單，美國戰爭資訊局（OWI）。

圖 4-30　〈美國壓倒性的海空軍〉

佚名，二戰期間，宣傳單，美國戰爭資訊局（OWI）。

將他們視爲敵人，希望能降低日本的士氣，促使士兵和平投降，不再強烈抗拒，例如〈日本的海空軍都到哪裡去了〉（圖 4-33）這是給佔領太平洋島嶼的日本士兵們一個柔性的勸誡，描繪了一個孤獨受困的日本士兵站在一個小島上遙望遠處，不見日本支援的軍艦與飛機，美軍要讓日軍知道他們已先後佔領日本海軍基地，切斷補給和增援，日軍們只能在島嶼上孤立無援，無法回鄉與家人團聚；另一張〈歐洲已經和平〉（圖 4-34）向日本士兵表明受到戰爭蹂躪的歐洲已經回歸和平，日本的軸心盟國德國與義大利都已棄械投降，其目的除了讓投身在戰爭中無法自拔的日軍們感受到被盟軍背棄的無助感，另外也希望能挑起他們對過往和平時光的懷舊，不再堅持繼續戰爭。這些利用心理戰術讓人產生絕望的宣傳單，就是希望這些深受軍國主義命令堅守崗位的日本士兵能自動放下武器，並且順從投降。

圖 4-31　〈疾病隨戰爭而來〉

弗朗西絲・布萊克莫爾（Frances Blakemore），二戰期間，美國戰爭資訊局（OWI）。

圖 4-32　〈日本軍閥錯估美國實力〉

佚名，二戰期間，宣傳單，美國戰爭資訊局（OWI）。

圖 4-33　〈日本的海空軍都到哪裡去了〉

佚名，宣傳單，二戰期間，美國戰爭資訊局（OWI）。

圖 4-34 〈歐洲已經和平〉

佚名，二戰期間，宣傳單，美國戰爭資訊局（OWI）。

## 五、呼籲盟軍合作團結的宣傳

　　二次大戰期間，全球有數十個國家參戰，有約 4/5 的人口被捲入戰爭之中，爲了集結同盟國家的力量團結對抗敵軍法西斯軍隊，美國總統羅斯福與英國首相邱吉爾與 1941 年 8 月 14 日簽署《大西洋憲章》的聯合宣言，以便協調反法西斯的戰略以及強調和平與秩序的戰後重建目標。1942 年 12 月 22 日，美、蘇、英、中等 26 個國家在華盛頓簽署這一反法西斯《聯合國家宣言》。「聯合國家」一詞乃代表反軸心國聯盟，該宣言除了贊同《大西洋憲章》的宗旨和原則，更聲明全力對抗軸心國日、義、德作戰，保證不與敵國單獨締結停戰協定或和約，標誌著世界反法西斯聯盟的最後形成，其後參與國家也陸續增加。爲配合宣傳這些聯合國家團結抗敵的意志，美國政府宣傳部門發行許多相關海報，主題有「聯合盟國爲自由而戰」、「團結一致就能獲勝」、「團結一致，撕碎納粹」……等相關鼓舞的系列標題，最常搭配的圖像是繪製各國同盟國家的國旗符號，成爲歷史的見證。例如由美國戰爭資訊局發行於 1943 年的〈聯合盟國爲自由而戰〉（The United Nations Fight For Freedm）（圖 4-35），以加入聯合盟國的各國國旗爲象徵，飄揚在煙硝瀰漫的濃煙中，搭配底層海陸空三軍同時出征的戰火意象，展現盟國爲自由而戰的決心。

　　美國社論漫畫中，也十分關注盟國合作的進度，不論是對歐戰還是太平洋戰爭，一有風吹草動的戰況常成爲社論漫畫家的焦點，當然一切仍是以勝利爲前提，諷刺軸心國終將敗給有美軍支持的聯合盟國之中，尤其 1943 年開始，美軍率領的盟國軍隊在太平洋大放異彩，加上 9 月 8 日軸心國義大利率先提出無條件投降，更被視爲整場戰爭勝利的開始。例如〈盟軍在太平洋的勝利〉（Allied victories in the Pacific）（圖 4-36）的社論漫畫便是漫畫家們樂觀相信太平洋戰爭將取得獲勝的主題，畫面正中央有顆日軍的頭被鉗子緊緊夾住，手握鉗子的是太平洋戰爭中的盟軍，象徵在美國將軍麥克亞瑟的帶領下，包括緬甸、俄羅斯以及南太平洋諸島上的士兵們極力牽制日軍的侵略行動。

　　另外，呼籲盟軍團結的宣傳單與海報中亦有針對個別國家或語言而設計，包括與中國相關的作品，如〈門神〉（圖 4-37）是中國漫畫家張文元於 1940 年所創作，並於隔年赴昆明美國新聞處，提交此作品供美軍空頭的抗日漫畫。畫風充滿中國式的題材，門神原本應該是中國農曆年春節期間張貼於大門上祈求平安，如今畫面中以腳踩日本鬼子的美國飛虎隊員造型取代傳統門神，宣傳單下面用中文寫著「這個美國空軍把日本人趕出了中國的天空，援助

他」。提及美國飛虎隊，早在美國宣佈與中國同盟之前，便受到蔣介石邀請來華協助中國政府抵抗日本的侵略，主要是由美國退休飛行官上尉陳納德所創立。陳納德的任務除了協助發展空軍並訓練飛行員，更向美國爭取到 100 架戰鬥機援助，擔負起昆明地區基地防空作戰，打擊滇緬公路日軍，保障滇緬公路運輸等任務。就連當時飛機上都畫有帶翼老虎的卡通圖案（圖 4-38），也委託美國迪士尼畫師幫忙繪製而成，因而「飛虎隊」的名稱不脛而走，成為了這批志願航空隊的代名詞。這群美國飛虎隊員可算是首批代表美國與中國同盟的象徵對象。

圖 4-35　〈聯合盟國為自由而戰〉

萊斯利·雷根（Ragan, Leslie），1943 年，海報設計，美國戰爭資訊局（OWI）。

圖 4-36 〈盟軍在太平洋的勝利〉

西爾維・傑克遜（Silvey Jackson Ray），1943/10/01，《堪薩斯城星報》（Kansas City Star）。

圖 4-37　〈門神〉

張文元，1940，宣傳單，戰爭資訊局中國部門（OWI）。

圖 4-38　〈飛虎隊〉

華特・迪士尼（Walter Elias Disney），1941 年，Logo 設計。

## 表 7、美國反擊漫畫宣傳足跡簡述

| 漫畫種類 | 諷刺的社論漫畫 | 正義的連環漫畫 | 政府的海報漫畫 |
|---|---|---|---|
| 時　　間 | （1941～1945）第二次世界大戰 | | |
| 根 據 地 | 美國本土 | | |
| 宣傳類型 | 報紙社論如：芝加哥論壇報》、《紐約時報》、《華盛頓郵報》、《洛杉磯時報》《華爾街日報》……等等。 | 雜誌讀本漫畫如：《動作漫畫》、《超人》、《偵探漫畫》、《漫威漫畫》、《美國隊長》……等等。 | 海報漫畫設計者如：福雷格、洛克威爾、亞瑟爾頓、米勒、卡盧、拜耳……等等。 |
| 漫畫特色 | 反日情結的種族貶義、民主自由的多元文化、愛國正義的反擊宣言 | | |
| 宣傳主題 | 一、愛國正義化身的反擊宣傳<br>二、鼓舞戰勝士氣之時事諷刺評論<br>三、種族貶義醜化日軍形象的宣傳<br>四、策反日軍投降的心理戰術<br>五、呼籲盟軍合作團結的宣傳 | | |

## 第四節　民主自由的反擊漫畫——社論漫畫家蘇斯博士

　　自日本偷襲珍珠港後，美國決定加入第二次世界大戰，從最初反戰的保守孤立到決定反擊而投入戰爭，一切都是建立在民主自由的權利之下，依據民意支持所做的決定，因此，美國流行的社論漫畫和連環漫畫，甚至於中央海報漫畫自然也在這股瀰漫支持戰爭的氛圍中，紛紛投入反擊漫畫的宣傳行列，展現英雄正義、諷刺批判等等愛國表現。基於民主國家的自由發展，美國漫畫家如何透過自己專長發表反擊漫畫宣傳、如何針對反日情結與自由意識諷刺批判他國與自己的政府，以及創作哪些有關反擊漫畫的圖像內容，筆者已在此章節中整理詳述，為了更深入認識美國的諷刺漫畫中對反擊戰爭的看法及表現，下列將提出美國社論漫畫家代表人物蘇斯博士作為研究對象來進行探討。

　　蘇斯博士本名希奧多·蘇斯·蓋澤爾（Theodor Seuss Geisel），1904 年出生於美國麻薩諸塞州（Springfield, Massachusetts, U.S），他是 20 世紀國際聞名的作家、插畫家、社論漫畫家。1921 年，蓋澤爾就讀於達特茅斯學院（at Dartmouth），學生時期因為對寫作產生興趣，進入達特茅斯一家幽默雜誌《傑克南瓜燈》（Jack-O-Lantern）參與寫作與漫畫創作，甚至成為了該雜誌的首席主編，可以想見蓋澤爾在年輕時便展現了他對文學以及繪圖創作上的熱愛。1925 年，蓋澤爾於達特茅斯學院畢業後，申請進入英國牛津大學打算繼續攻讀文學博士，但卻中途放棄學業選擇到歐洲各國旅行，並於 1927 年返回美國。回到家鄉的蓋澤爾起初希望成為一名自由撰寫的作家，無奈的是，大蕭條時代迫使他不得不放棄這個理想。之後便找到了一份在紐約廣告公司創作廣告文案的工作，同時也兼職為一些知名的雜誌與報刊如《生活》（Life）、《自由》（Liberty）和《名利場》（Vanity Fair）等等投稿許多幽默漫畫。收入的穩定讓蓋澤爾和老婆有機會到處出國旅遊，1936 年搭船前往歐洲度假途中，聽到船上引擎有節奏的運轉聲引發了蓋澤爾的靈感，並於隔年創作了他的第一本童書《我在桑樹街看見了什麼》（And to Think That I Saw It on Mulberry Street）〔註17〕，在美國市場上獲得不錯佳評（曾讓他於 1984 年獲得普利策特別褒揚獎

---

〔註17〕 *Baker Andrew*，〈*Ten Things You May Not Have Known About Dr. Suess*〉，（2010/03/02）。http://www.examiner.com/article/10-things-you-didn-t-know-about-dr-seuss

Pulitzer Prize for Poetry），從此之後蓋澤爾便投入了兒童讀物的繪本世界，自此開啓了他成爲偉大兒童文學作家與插畫家的成就〔註18〕。

　　有關蓋澤爾運用蘇斯博士作爲筆名的起源，蘇斯（Seuss）這個名字最早出現在學生時期達特茅斯《傑克南瓜燈》雜誌中的作品上。1927 年踏入社會後，他決定加入博士頭銜，第一件蘇斯博士簽署作品出現在幽默雜誌《法官》（Judge）之中〔註19〕。儘管蓋澤爾一生並未拿到博士學位，但這頭銜至少了了他這個心願。

　　1941 年，戰爭的蔓延迅速擴大逐漸影響美洲地區，美國在加入二次世界大戰前後，蓋澤爾爲了發表他對政治與戰爭議題的看法，於是轉向政治漫畫創作工作，成爲報紙上的社論漫畫家，並在有左派傾向的紐約市《PM》雜誌當中定期刊載深具諷刺批判的社論漫畫，短短兩年的時間，就已累積至少超過 400 件的諷刺作品。1942 年，蓋澤爾決定轉換跑道加入政府部門以表達他對美國努力參與戰爭的支持，他先是參與財政部（the Treasury Department）和戰時生產委員會（WPB, the War Production Board）的工作，負責繪製有關國內人力資源的宣傳海報；1943 年，蓋澤爾選擇從軍入伍美國軍隊，不久即擔任美國陸軍航空部隊的隊長以及第一影業單位動畫部（the First Motion Picture Unit）的指揮官，負責製作宣傳美軍任務的電影或者有關軍隊訓練系列的動畫片，蓋澤爾爲國貢獻的付出使得他戰後得到了國家授予的功勳勳章。

　　有關蓋澤爾社論漫畫宣傳的介紹，二次大戰時期，蓋澤爾相當關心政治以及戰爭的議題，他暫停原本創作兒童讀物的工作，投身成爲社論漫畫家，並在報刊上發表個人看法。在政治議題方面，蓋澤爾的政治立場偏向於民主黨派，同時也是羅斯福總統和新政的支持者，因此在他的社論漫畫中常針對那些與羅斯福總統意見相反的政客，利用諷刺漫畫加以批判他們的行爲與議論，例如，美國參戰前，蓋澤爾有一系列漫畫主題是用來抨擊那些支持孤立主義的政客，反諷他們是一群只在乎美國利益並且擁有鴕鳥心態的自私鬼。例如標題寫著〈嘿！如果你因爲雷電而隱藏，請停止嗑咬〉（Hey. Hide if you

---

〔註18〕二次大戰之前，蓋澤爾曾創作有 4 本兒童讀物，包括有：1938 年的《The 500 Hats of Bartholomew Cubbins》、1939 年的《The King's Stilts》和《The Seven Lady Godivas》，以及 1940 年的《Horton Hatches the Egg》。

〔註19〕Charles D. Cohen. *the The Seuss, the Whole Seuss and Nothing But the Seuss: A Visual Biography of Theodor Seuss Geisel*，（美國：Random House Books，2004/02），p86。

have, but by thunder, stop nibbling）（圖 4-39），畫中出現一隻鴕鳥一遇到危險便將頭埋在土中，還悠哉地啃咬著樹根，暗諷這群政客正在吞噬著美國的士氣。另外，〈舊的家庭浴缸對我來說比較安全〉（The old Family bath tub is plenty safe for me!）（圖 4-40），畫中同樣利用諷刺的內容，暗諷那些孤立主義的政客不想面對法西斯政權正越過大西洋襲擊美洲的事實，卻仍認爲躲在自己國家才是最安全的作法。

圖 4-39 〈嘿！如果你因為雷電而隱藏，請停止嗑咬〉

蘇斯博士，1941/05，《PM 雜誌》。

圖 4-40　〈舊的家庭浴缸對我來說比較安全〉

蘇斯博士，1941/09，《PM 雜誌》。

　　除了戰前抨擊孤立主義政策，美國參戰後，蓋澤爾則將砲火轉向國會參議院，因為黨派與權力爭鬥問題，國家參議院總是將國家選票利益擺放第一，而忽略了國家真正需要幫助的決策，這也是蓋澤爾予以投稿攻擊的政治醜習，舉例來說，標題寫著〈國會山莊的疑難雜症〉（The Knotty Problem of Capitol Hill）的作品（圖 4-41），圖中描繪一群參議院議員像是認真的數學家，對於提高稅收議題的方案，無不絞盡腦汁，浪費大半時間努力換算應增收多少稅

額，才能讓選民滿意，因爲他們不想失去任何一張選票。又或者〈國會彈弓射擊俱樂部〉（Congressional Sling-Shot Club）（圖 4-42），當中描繪一群被暗諷爲國會彈弓射擊俱樂部的參議院議員，調皮的射擊象徵國家的山姆大叔，搭配標題寫著「如果你希望我能贏得這場戰爭，選民先生，請讓您騷動的孩子們待在家裡！」暗諷著參議院議員經常阻擾許多國家軍事決策的通過。從這些批評政治議題、批判國家政策的諷刺漫畫中，可以使我們注意到，美國這個在乎民主自由的國家，他們相信言論自由，所以政府官員面對這些評論者的諷刺與批評時，往往只能默默無奈地接受。

圖 4-41 〈國會山莊的疑難雜症〉

蘇斯博士，1942/07/23，《PM 雜誌》。

## 圖 4-42　〈國會彈弓射擊俱樂部〉

蘇斯博士，1942/07/16，《PM 雜誌》。

　　至於戰爭議題方面，蓋澤爾相當支持美國參戰，除了利用漫畫宣傳鼓勵國民增產報國，有錢捐錢，有力出力，另一方面，他也是個充滿激情的反對法西斯主義，經常藉由諷刺漫畫高度譴責德軍、日軍、義軍等軸心國的侵略行為，讓國人知道國家是為誰而戰，為何而戰。例如標題寫著〈快，亨利，用 FLIT 殺蟲劑！〉（Quick, Henry, THE FLIT）（圖 4-43）畫中描繪美國國鳥白頭鷹拿著寫有「美國國防債券郵票」的殺蟲劑，準備消滅象徵軸心國德國、日本、義大利的蟲子，其實，這個標題是蓋澤爾早期幫一家賣殺蟲劑的公司所創的廣告台詞，一推出便廣受歡迎且深植人心，甚至成為了美國流行的口號，由於名氣響亮，蓋澤爾將它引用到社論漫畫上面，鼓勵民眾購買美國國防債券郵票，用以增加軍事經費來對抗軸心國的侵略。另一張寫著〈那些美國人肯定可以攻擊……自己！〉（Those Americans sure can attack... themselves！）（圖 4-44）的標題，描繪德國與日本正幸災樂禍地看著美國自己起內鬨。蓋澤爾經常利用這類的反諷方式，希望讓國人能夠瞭解真正的敵

人是誰，並有所警惕能夠排除己意、團結一致，專心對抗共同的敵人。再者，蓋澤爾也描繪有關評論戰爭時事攻防成果的消息，針對美軍打勝仗的消息加以評論，用以鼓舞美國士氣，即便美軍在戰防上失守，美國評論家依舊以樂觀態度給予越挫越勇的支持與鼓勵，增強戰勝的信念，如圖 4-45，此漫畫評論有關太平洋戰爭剛爆發時，在菲律賓島上的巴丹半島戰役（1941/12～1942/04），由麥克亞瑟率領的美軍和菲律賓軍隊對抗日本軍隊入侵，進行一場爭奪菲律賓群島的激烈戰，此場戰役最後由日軍佔上風，在他們猛烈轟炸美軍防線，步步逼近的情況下，麥克亞瑟將軍不得以只得離開戰地前往澳洲，但他離開前曾向菲律賓人民許下「我會再回來」的承諾。雖然美軍在這場戰役上是以投降收場，但歷經 4 個多月的抵抗，卻為同盟國爭取到寶貴時間以準備後來的珊瑚島及中途島等反擊獲勝的戰役，且最終如麥克亞瑟預言，1945年 2 月時美國和菲律賓聯軍收復巴丹半島。針對這場戰役，雖然美軍吃下敗仗，但看看蓋澤爾這張社論漫畫的描繪，卻看不到戰爭失敗的氣餒，反而傳達了美軍英勇抵抗過程中，讓日本這隻傷痕累累的病貓，吃了不少苦頭，因此，他的標題才會寫著〈在我的尾巴打結……！！麥克亞瑟這個神經病〉（Knots in my tail…! The nerve of that MacArthur!）。

圖 4-43 〈快，亨利，用 FLIT 殺蟲劑！〉

蘇斯博士，1941/12/19，《PM 雜誌》。

圖 4-44　〈那些美國人肯定可以攻擊⋯⋯自己！〉

蘇斯博士，1942/02/11，《PM 雜誌》。

　　另外，關於戰爭期間的種族主義議題，蓋澤爾其實是支持二戰期間美國人對日裔美國人的拘留行動，如〈從家裡等待信號〉（Waiting for the signal from home...）（圖 4-46），該漫畫針對 1942 年 2 月羅斯福總統下達命令，要求整個太平洋沿岸，包括加利福尼亞州、俄勒岡州、華盛頓州和亞利桑那州的所有日裔美國人都必須被轉移到指定的集中營。畫中描繪一群長相一模一樣的日裔美國人離開上述的地區，集合前往集中營，途中還需排隊領取黃色炸藥（TNT），暗喻這些日裔美國人只能待在如監獄般被囚禁的家（集中營），等待什麼樣的信號？是要他們自取滅亡？還是等待奇蹟出現？可見蘇斯博士蓋澤爾將日軍的侵略行為怪罪於日裔美國人身上，在這點上確實失去道德客觀的評判標準，這種充分顯示排日的種族偏見，引起了許多讀者的質疑與爭議。同樣的反日情結，也出現在漫畫中所有日本形象上面，蓋澤爾如同其他具有

反日情結的漫畫家，描繪出對亞洲人的刻板印象，並且予以醜化、誇張的造型，例如豬般的鼻子、圓框眼鏡，歪斜的瞇瞇眼、筆刷般的鬍子，嘴唇微張還露出像兔齒的門牙（圖 4-47），在他所繪的日本形象並不代表裕仁天皇、東條將軍或任何其他知名的二戰人物，相比之下，針對德國希特勒反而有他自己明顯的象徵圖像。對於珍珠港事件後蓋澤爾面對反日的問題上，他曾說：「當日本鬼子將他們的斧頭劈在我們的頭骨上，它似乎像一個時間的地獄對我們微笑，顫聲道：『兄弟們！』」，這是一個相當有氣無力的戰鬥口號。如果我們想贏得比賽，就必須殺了日本鬼子」〔註 20〕可見他對日本軍隊侵略珍珠港事件後所產生的敵意不是光靠言語抨擊就能平息，而是主張訴諸於戰爭反擊才能解決一切。在這裡我們可以清楚暸解蓋澤爾的政治及軍事立場。

圖 4-45　〈在我的尾巴打結……！！麥克亞瑟這個神經病〉

蘇斯博士，1942/02/04，《PM 雜誌》。

---

〔註 20〕　「*when the Japs are planting their hatchets in our skulls, it seems like a hell of a time for us to smile and warble: "Brothers!" It is a rather flabby battle cry. If we want to win, we've got to kill Japs*」取自 Richard H. Minear，《Dr. Seuss Goes to War》，（美國：The New Press，1999），p184。

圖 4-46　〈從家裡等待信號〉

蘇斯博士，1942/02/13，《PM 雜誌》。

圖 4-47　〈你今天做了什麼，讓他們幫助拯救你的國家〉

蘇斯博士，1942/03/05，《PM 雜誌》。

　　戰爭期間，蓋澤爾極力參與政治批判和軍事活動，像是成爲社論漫畫家，或是從軍爲國家服務，充分體現狂熱的愛國情操，直到二次大戰結束後，或許是家園已經回歸平靜，生活也逐漸恢復過往的穩定，蓋澤爾決定不再從事有關批判諷刺的宣傳工作。蓋澤爾和妻子搬到加利福尼亞州，由於他的心中一直有著幫助兒童的強烈渴望，決定重新拾起兒童讀物的繪本創作，1950 年代中期，這位蘇斯博士已經成爲了世界上最受喜愛且成功的童書作家，他持續製作有趣的創意故事，不僅幫助兒童們對閱讀引起極大興趣，也讓大人們與孩子之間能在閱讀中產生更多的親情互動。蘇斯博士蓋澤爾一直到 1991 年逝世前，共創作了 48 部兒童繪本作品，有些還被後人製成電影動畫片，而且直到現今依舊影響著每位兒童的閱讀世界，成爲他一生中最重要的資產。

　　端看蓋澤爾的一生，不論戰前、戰亂到戰後，他從不放棄寫作及繪圖，終身創作的累積讓他成爲美國著名的漫畫家、插畫家及作家身分，尤其在國際上更頗具盛名，並且留有許多作品著稱於世。或許在許多人心中認爲蓋澤爾只是一位專門從事兒童繪本讀物的藝術家，但也因爲身在民主言論自由的國家，在戰爭期間，他才有辦法用筆作戰，一筆筆描繪紀錄對國家的支持、對敵軍侵略的看法，尤其對政府保守勢力的抨擊，他的每一階段的創作作品既多元且創新，均帶給人民深遠的影響與反思，是相當值得我們欽佩及學習的對象。

### 表 8、社論漫畫家蘇斯博士戰爭時期（1928～1945）生平簡表

| 時間 | 事　蹟 |
|---|---|
| 1904 年 | 出生於美國斯普林菲爾德，馬薩諸塞州（Springfield, Massachusetts） |
| 1921 年 | 就讀達特茅斯學院（at Dartmouth），1925 年畢業。<br>學生時期進入達特茅斯一家幽默雜誌《傑克南瓜燈》（Jack-O-Lantern），曾任職主編、總編輯等職。 |
| 1925 年 | 考進牛津大學林肯學院，肄業。 |
| 1927 年 | 7 月，首張漫畫作品發表於美國《星期六晚郵報》（The Saturday Evening Post）。<br>成爲《法官》（Judge）幽默雜誌的作家與插畫家。<br>10 月，在《法官》雜誌發表第一張漫畫作品。<br>11 月，和海倫·帕爾默（Helen Palmer）結婚。 |
| 1928～1941 戰前的廣告設計生涯 | |

| 1928 年 | 年初，蘇斯博士負責爲新澤西標準石油公司（Standard Oil of New Jersey）設計「掠過」（Flit）品牌殺蟲劑的平面廣告，合作關係持續到 1941 年。 |
|---|---|
| 1929 年 | 大蕭條時期（1929～1933），蘇斯博士曾幫通用電氣公司（General Electric）、美國全國廣播公司（NBC）、標準石油公司，納拉甘西特釀酒公司（Narragansett Brewing Company）和許多其他公司繪製廣告宣傳作品。 |
| 1935 年 | 創作短期的連環漫畫《Hejji》。 |
| 1936 年 | 和老婆旅行到訪 30 多個國家。 |
| 1937 年 | 在前衛出版社（Vanguard Press）出版第一本童書《我在桑樹街看見了什麼》（And to Think That I Saw It on Mulberry Street）。 |
| 1938 年 | 出版童書《Bartholomew Cubbins 的 500 頂帽子》（The 500 Hats of Bartholomew Cubbins） |
| 1939 年 | 出版童書《國王的高蹺》（The King's Stilts）和《第七位夫人 Godivas》（The Seven Lady Godivas）。 |
| 1940 年 | 出版童書霍頓孵蛋蛋（Horton Hatches the Egg）。 |
| 1941～1945 戰爭期間社論漫畫創作時期 | |
| 1941 年 | 二次世界大戰爆發，蘇斯博士在紐約日報（New York City daily newspaper, PM）發表社論諷刺漫畫，2 年內發表超過 400 張作品。 |
| 1942 年 | 替中央政府財政部和戰爭生產委員會繪製宣傳海報 |
| 1943 年 | 從軍入伍美國軍隊，擔任美國陸軍航空部隊的隊長以及第一影業單位動畫部（the First Motion Picture Unit）的指揮官。製作過多部動畫電影，如《在德國的工作》（Your Job in Germany）、《在日本的工作》（Our Job in Japan）、二次大戰後歐洲和平的宣傳影片，以及《私人天翻地覆》（the Private Snafu）系列成人陸軍訓練影片。 |
| 1946～1991 戰後的童書創作時期 | |

# 第五章　比較與結論

　　本文進行戰爭漫畫宣傳之研究，除了單純描述漫畫宣傳的發展及內容，並且針對各國漫畫宣傳重要的助力、管道以及要素，還有漫畫形式有關主題、圖像等做探索和分析外，更希望透過各國的相互比較，可以增進觀者對戰爭時期漫畫宣傳有更多的認識和啓發，以及探討戰爭漫畫宣傳的貢獻作最後的總結。

## 第一節　中日美三國戰爭漫畫宣傳的比較

　　身處於二次世界大戰的參戰國，因爲戰爭目的不同，分別遭遇到被侵略、侵略者以及反擊的戰爭事件，再加上民族差異、環境有別對國家漫畫宣傳的推行也跟著受到影響出現個別的發展。筆者於本文中以中國、日本和美國三國爲例，針對收集的資料加以分類，依據戰爭背景與漫畫發展，將漫畫宣傳的屬性分爲中國抗戰漫畫、日本侵略漫畫和美國的反擊漫畫，再進行延伸整理出下列比較的表格。

表 9、中日美戰爭漫畫之比較

| | 中　　國 | 日　　本 | 美　　國 |
|---|---|---|---|
| 漫畫屬性 | 抗戰漫畫 | 侵略漫畫 | 反擊漫畫 |
| 意識特徵 | 民族主義 | 軍國主義 | 民主主義 |
| 精神形態 | 愛國精神 | 殖民企圖 | 自由正義 |
| 發展階段 | 團結時期 | 凋零時期 | 黃金時期 |
| 民間與政府關係 | 漫畫界自發性<br>漫畫團隊與政府合作 | 漫畫界受政府控制<br>替政府服務的對象 | 漫畫界自發性<br>民間企業與政府的合作 |

| 展示類型 | 報刊漫畫、宣傳單、漫畫海報、漫畫展覽 | 報刊漫畫、宣傳單、漫畫海報、軍事郵便明信片 | 報刊漫畫、宣傳單、漫畫海報、連載娛樂漫畫 |
|---|---|---|---|
| 創作風格 | 現實諷刺 | 偽善諷刺 | 社論諷刺 |
| 媒材工具 | 紙畫、布畫、版畫、壁畫 | 紙畫、版畫 | 紙畫 |
| 內容方向 | 一、救亡圖存的團結合作之愛國決心<br>二、鼓舞士氣、軍民合一的全面抗戰漫畫<br>三、博取各界同情的時事悲情漫畫宣傳<br>四、日軍侵略暴行與控訴漢奸賣國之批判<br>五、策反攻勢擊垮侵華日軍士氣 | 一、主打膺懲暴戾支那的侵略宣傳<br>二、策反攻勢擊垮中國士氣<br>三、宣傳偽政府的「中日親善」口號<br>四、提出「大東亞共榮圈」的理念宣傳<br>五、矮化英美國家實力的宣傳 | 一、愛國正義化身的反擊宣傳<br>二、鼓舞戰勝士氣之時事諷刺評論<br>三、種族貶義醜化日軍形象的宣傳<br>四、策反日軍投降的心理戰術<br>五、呼籲盟軍合作團結的宣傳 |

## 一、戰爭背景與漫畫發展比較

　　漫畫的發展是現代誕生的藝術表現，最初是由歐美國家先行流行具批判諷刺功能的漫畫再傳入亞洲地區，包括日本與中國等諸國，對民眾社會生活產生新的文化潮流影響。後來戰爭爆發，各國間基於民族性、社會性以及文化性的不同，加上參與戰爭的緣由與背景的差異，利用漫畫藝術爲政治作戰服務的目的與用途也會跟著有所變化。

　　對中國而言，中國在八年抗戰中一直身處於被日軍侵略的弱勢國家，奮起抗戰保衛國家自然成爲抵禦外來入侵的宗旨，也慶幸中華民族歷經數千年的歷史融合，有著不畏艱險、奮發圖強的團結力量，在遇到日軍侵略中國領土的戰爭中，令我們看到國人本著民族主義的愛國精神以及誓死抵抗侵略國的決心。這種精神與意志也同時展現在抗戰漫畫宣傳之中。全面抗戰前夕，中國不只是面臨外患的侵略，當時國家也遭逢內憂的國共問題，處在內外動盪不安的環境氛圍中，一群漫畫家同時也身爲知識份子憑著理性思維用筆作戰，多以灌輸全體國人同胞的愛國教育及深化民族主義爲主，藉以提高國人的憂患意識，爲爾後掀起全面對日戰爭預作準備，這些攸關抗日漫畫內容廣泛散佈於各種雜誌或書報之中，直至全面戰爭爆發，國人抗戰的向心力逐漸凝聚，透過抗戰漫畫宣傳批判外來侵略的暴行也越趨明顯，甚至還有專屬抗戰的期刊陸續出版以及大量的漫畫展覽陸續登場，所有漫畫的呈現皆是爲了

抗戰而發聲，其目的主要對內寄望凝聚民眾的力量，團結抗敵；對外除了博取國際同情，同時也讓世界各國知道中國所具有堅毅不拔的強韌精神。

　　就日本而言，自古一直深受中華文化的影響，歷史上也多次記載日本向中國進貢或交流貿易的紀錄，直到明治維新後，中日之間發生了許多軍事衝突甚至引爆後來的全面戰爭，這才破壞了中日關係的友誼橋樑。日本明治維新的政策是全面西化的現代化改革運動之開始，形成並發展出一股軍國主義的思想，除確立新政府的國家制度，又以加強軍事力量為國策，急速地發展成近代國家。這股力量讓日本逐漸壯大自己國力，為了效法西方世界的殖民帝國，開始計畫打造出能夠對等西方國家的地位，於是走上對外擴張、侵略亞洲各國的道路，不論對中國或東南亞國家的侵略。日本政府與軍部知道自己無端侵略鄰國的手段必遭引來日本國人的反對與質疑，於是政府以軍國主義手段強制利用效忠天皇的教化思想控制整個社會百姓，先是提出「膺懲暴戾支那」作為侵略中國的藉口，以及建立「大東亞共榮圈」為目標的理由，遂行以武力脅迫南進東南亞地區，甚至後來對美戰爭，毫無預警的偷襲美國珍珠港。這些用來安撫日本鄉親父老們的理由，成為了軍國主義制度下強制灌輸的口號，同時將該口號帶進至中國殖民的地區，利用已經管制的傳播媒體和大眾宣傳工具，以半強迫方式要求無知的百姓，不論本島或是殖民地皆須認同日本政府的決定，漫畫界也在這種環境中不得不接受日本政府的控制，被迫要求以侵略的藉口作為漫畫題材，藉以推廣宣傳自己發動戰爭的合法性。

　　最後，意外加入太平洋亞洲戰局的美國，因為珍珠港事變，成為了日本另一個計畫摧毀的國家，這是美國最初始料未及的變化。二次世界大戰爆發以前，美國有鑑於第一次大戰中曾遭受巨大傷亡，自 1920 年代起開始奉行孤立主義，社會民意也以反戰作為和平訴求，致使政府決心站在中立立場不再參與任何在歐洲發生的軍事衝突。直到 1941 年日本偷襲珍珠港，引起國人群體激憤與不滿，從原本的反戰態度轉為支持戰爭，但美國政府知道單獨對日宣戰只能視為一種洩憤，無法有效解決國家利益問題，真正需要面對的敵人是德國法西斯主義，而且美國政府也擔心德軍勢力的蔓延，必須設法阻止才能確保美國領土的安全，為了全面殲滅這股惡勢力，美國同時向軸心盟國宣戰，主打為世界和平而戰，是一場自由正義的反擊之戰。為了宣傳此一訴求，美國政府運用得心應手的大眾化宣傳工具加以推廣，漫畫界也出現一片撻伐軸心國敵軍的聲浪，身為民主國家代表的美國，由於本土並未受到侵襲，加

上社會輿論自由獲得保障，原本的漫畫發展環境並未受到戰爭因素而有所阻礙，反而當時流行的娛樂漫畫與社論漫畫紛紛主動與戰爭宣傳連成一氣，爲國家正義之戰發聲，更加獲得民眾熱烈的迴響。

　　中日美三國在同一戰爭背景中，一個是因爲民族國家受到欺侮受辱而激起愛國意識；一個則是受到軍國主義之狂妄野心而引爆的侵略企圖；另一個則是爲民主精神之社會自由提出正義反擊。從此角度觀想，可以瞭解到每個國家對戰爭意圖的不同態度，著實也會跟著影響戰爭漫畫發展與宣傳的眞正用意與目的。

## 二、漫畫宣傳形式與內容比較

　　戰爭期間，比較各國有關於戰爭漫畫宣傳作品的形式管道其實大同小異，戰爭漫畫宣傳出現在平面傳播媒體之中，最常見的媒體管道有報紙與雜誌等報刊工具，另外還有大量發放的宣傳單與海報中也可看見漫畫宣傳作品的足跡，宣傳單通常是在人口密集區或重要地段發行，有時也會採夾報方式做宣傳，海報則採用張貼方式在重要出入口處或是民眾常經過的地點等，這些都是每個國家普遍會應用到的漫畫宣傳方式。但各國之間也因爲諸多因素與背景差異的影響，出現了其他不同的宣傳管道，例如中國抗戰期間，自從國民政府遷徙內陸後，經濟發展衰退，缺乏原料供應印刷技術，導致可大量印製的報刊、宣傳單及海報受到發行阻礙，於是透過行動式展覽活動的舉辦成爲了抗戰漫畫宣傳的推行首選，漫畫家們將作品畫在大張布料或紙板上，以巡迴展覽方式深入內陸各個鄉鎮，尤其身處戰區的民眾更需要透過抗戰宣傳的推廣讓他們知道這場戰爭是爲何而戰、爲誰而戰，進而促使軍民團結合作，協助國民軍隊共同抗敵；至於日軍侵略亞洲期間，日本本土流行繪製軍事郵便明信片，一方面可作爲販售用途以籌資軍費，另一方面也可藉此推廣軍國主義作戰思想宣導的工具，許多漫畫家被要求畫一系列與軍事活動有關的漫畫作品，印製成明信片或是書信販售，成爲獨特的宣傳形式管道；就美國反擊戰爭期間，由於戰事未擴及美國本土，有關娛樂漫畫性質的發展並未受到阻礙，相反的這些娛樂漫畫也投身加入戰爭宣傳的行列，在販售漫畫書的封面上經常出現英雄人物擊敗德軍或日軍的暴力畫面，表明美國爲正義聲張，傳達對這場戰爭結果將勝利在握的信念。由上述例子說明，經過仔細的比較便可發現每個國家各自對戰爭漫畫所推行的形式管道仍舊有自己獨特的宣傳方式。

對於題材內容的走向，經由彙整比較後發現，撇除敵我的角色，各國戰爭漫畫宣傳出現幾項共通的主題，像是推動國內團結合作的愛國精神、動員對敵人的仇恨與批判、策反破壞敵人的士氣、保持盟友對己方的友誼與合作等，這些主題成為了各國推動國與國之間政治作戰所推動漫畫宣傳目的的內容。當中我們看到了褒貶時事的題材，有振奮人心的鼓舞漫畫，也看到了批判敵軍的諷刺漫畫，這些漫畫的特質都具有詼諧、誇飾、想像、幽默等表現，尤其諷刺性作品更多了挖苦、嘲笑的戲劇張力，比文字評論更具吸引效果，對那些從不關心時事的民眾而言，反而更能製造議題引起注意，增加資訊宣傳的目的。雖然各國漫畫主題看似大同小異，但就漫畫藝術風格而言，卻又有各自的特色。中國漫畫家表現的是對環境週遭的深刻體會，實屬於現實諷刺的風格，主因為當時中國百姓備受日軍欺辱，陷入水深火熱的戰火之中，漫畫家在逃亡遷徙的路途中，都被中國社會慘遭無情摧殘的殘酷現實所深深觸動，於是有感而發的將對現實生活的切身感受付諸於漫畫形式用來宣洩、抒發內心的強烈情感；日本漫畫家則是受到政府強烈控制，只能順應中央的命令展現偽善諷刺的風格，一切遵照軍國主義的思想精神，內容多是謊言、虛假與欺詐的偽造消息，例如宣傳殖民百姓歡迎日軍的到來、矮化國民政府與英美國家實力……等等，可見日本政府為求戰爭勝利不擇手段的表現手法；美國漫畫家受到媒體自由的保障，可以用自己的主觀判斷評論戰爭時事，也可以大肆批判國家對戰爭實施政策的好壞，甚至因為反日情結，還會帶有種族貶義的諷刺意味加以嘲諷日本，這就是社論諷刺的特色與風格。

## 三、漫畫宣傳與群眾關係

漫畫的出現乃是依附觀眾而生的，與民眾之間關係甚密，從最初批判諷刺時事漫畫到近代的商業消費的娛樂漫畫，從西方國家乃至於亞洲地區，漫畫服務的對象一直都是大眾百姓，因此，漫畫做為一種大眾化的藝術表現，想要引起輿論話題是足以展現強大的影響力。漫畫到底有哪些特性與魅力，可以如此讓人吸引與關注，日本學者認為漫畫具有三大特質非貴族、現代的、非形式的〔註1〕，所以漫畫圖像可以不受拘束、自由揮灑，題材亦不受限制、形象畫法自由。至於對漫畫風格的特色，普遍認為須具有極大的誇飾性、諷刺性強，且

---

〔註1〕陳仲偉，《日本漫畫 400 年：大眾文化的興起與轉變》，台中：東海大學，2009,05，頁 86。

擁有幽默條件，同時還需要帶點娛樂性質，這些條件容易引起觀眾的快感，深受吸引的內容更會一傳十、十傳百，短期內就有普遍的效果，達到宣傳目的，還有最重要的一點是漫畫圖像簡潔易懂的優勢有時候是言語文字不能抗衡的，因為即便是文盲者或教育程度低的民眾而言，也深受漫畫內容吸引。這種針對群眾而發起的漫畫，真正目的是要具有宣導、教化等功用，喚起民眾的抗戰情緒、同時讓群眾知道面臨戰爭是為誰而戰以及為何而戰。這也是為何戰爭時期，各國均將漫畫圖像視為重要的宣傳媒介，而不間斷地持續創作。

從以上的說明再來看待中日美三國的戰爭漫畫，中國的抗戰漫畫宣傳與民眾關係最為密切，全都拜當時漫畫宣傳隊「下鄉宣傳」所賜，讓原本只出現在都會地區的時事漫畫，能夠在戰爭期間遍及中國內陸。自從上海淪陷後，武漢、重慶成為新文化的重鎮，隨著戰爭進入持久階段，政府爭取內陸農村的支持更顯重要，因而知識份子與文藝人士很快瞭解到面對內地城鄉的農村百姓，尤其教育程度低的農民甚至文盲者而言，如何讓他們知道抗戰是國人爭取民族生存與解放的唯一途徑，如何引領他們支持國軍抗日的行動，增強他們愛國情操的熱血，成為文化運動宣傳的新挑戰，當中也包括抗戰漫畫宣傳活動。漫畫宣傳隊「下鄉宣傳」，擅長運用漫畫通俗易懂的特性做為宣傳工具，可以同時呈現紀錄圖像與激情象徵，以圖文並茂的方式吸引男女老幼們的目光，這些漫畫家甚至親自上前線努力介紹並解說抗戰漫畫宣傳的意義，藉此引起觀眾的感動與共鳴，以達到最終體現愛國精神與民族主義的格鬥目標。

相較於中國漫畫家自告奮勇投入抗戰行列，為自己國家與民族奉獻己力展現團結力量，日本漫畫家於戰爭期間的創作就顯得被動且受到限制，主因乃受到軍國主義思想統制的控制，漫畫圖像創作直接被國家政府所利用，將當時的戰爭漫畫視為是政治與戰鬥的一種宣傳表現，原本讀者感興趣的生活娛樂漫畫在當時全都被查禁，甚至在大東亞戰爭爆發後，為了擴大侵略與殖民計畫，而建立一套新體制運動以及「大政翼贊會」組織，在遵行國策統一的驅使下，漫畫題材與內容必須遵循中央裁定的主題方向，專為政治與軍事服務，促使時事與政治作戰漫畫當道，國內各大報紙刊物無不有它的蹤跡，漫畫形式變得單一化且失去了自由，這種脫離了大眾的生活、觀念與感情的漫畫圖像，實已陷入一種強制呈現給大眾，讓他們被動接受何為敵人的文本，這種受到政府干預的宣傳內容已經不只是為了教化功用，而是成為專制洗腦的工具。如此看來，該漫畫圖像與群眾關係也走向被動式由上而下受到政府

控制的漫畫宣傳，並非由下而上自動自發的國民運動，在這樣的環境下即便透過漫畫將戰爭合理化的資訊傳遞給大多數的民眾，仍很難期待全體國民自發性的對戰爭表示支持，對大眾所產生的訴求力量相對地也會因而減弱。

　　至於美國於戰爭期間，漫畫界自由發展的環境並未受到劇烈的變化，依舊充滿娛樂與評論的漫畫表現且深受大眾歡迎，不像中國身處被侵略地位的受害身分，為了共體時艱，漫畫家放棄了原本娛樂與生活漫畫的消遣，全力投入抗戰漫畫宣傳，下鄉宣傳與群眾產生緊密聯繫與交流；也不像日本國家為了侵略和野心，管制原本繁榮漸興的流行娛樂漫畫，強制漫畫家創作帶有軍事政治意味的宣傳作品，並利用漫畫加以控制群眾輿論，導致隔閡越來越嚴重。美國在未受戰爭摧殘的領土上，反倒是利用原本既有的娛樂與社論漫畫發展作為反擊漫畫宣傳的管道之一，漫畫界也順應戰爭趨勢自發性的將漫畫創作套用戰爭宣傳的新題材，讓民眾在享樂或消遣的同時，也能關心戰爭時事，加深了國人對戰爭的認識與參與感。間接說明漫畫宣傳與群眾的互動關係重點是為提升民眾輿論的影響力，促使社會與大眾對戰爭時事的重視與關注，以便凝聚國內團結，支持國家戰爭的行動。

## 四、漫畫審美特質比較

　　漫畫與純藝術繪畫的最大不同在於它的大眾化與通俗性，這是漫畫從繪畫獨立出來的重要標誌。漫畫的出現不同於過去歷史中繪畫藝術依附在皇室貴族的上流社會，象徵著高貴的稀有珍藏，而是直接面對成千上萬的民眾對象，屬於大眾文化的普遍藝術之表現；同時，漫畫的創作也不同於純繪畫刻意追求細膩逼真的寫實表現或者艱澀難懂的抽象畫面，而是具有通俗性，著重於貼近民眾生活與思想情感的層面，體現現實社會的諸多議題。因此漫畫的藝術造型旨在傳神，並不強求物象的逼真，但也避免形式過於抽象。另外，作為獨特畫種的漫畫，亦不同於其他繪畫的表現，還包括漫畫中圖像與文字並存於畫面中，彼此相映成趣，互相陪襯，而且表現形式多變，可以單幅存在表現單一主題，也可多幅成組形成連續情節。其中最特殊的審美特質則是漫畫必須具備幽默與諷刺的風格，這是吸引民眾目光最重要的表達方式。

　　可想而知，針對漫畫與純繪畫的差異性，清楚說明漫畫的藝術欣賞實在不能用純藝術的角度去分析它的審美價值，真正需要對漫畫的審美價值進行探討與研究可從思維美學與視覺美學的形態著手。首先，就思維美學方面，需要從

作者、作品與讀者之間的關係進行分析，一件值得觀賞的漫畫作品，由於是由
圖像與文字結合的藝術表現，所在乎的當然不只是作者繪圖的功力，還必須富
涵文學的內容、哲學的理念以及戲劇的趣味等相關領域的融合，才能豐富漫畫
藝術表現形式和審美趣味。既然漫畫搭配文字標題與對話，若無文學的素養那
麼便難以透過文字與民眾產生共鳴，若無哲學的深度則無法利用隱喻的故事對
現實社會進行批判，沒有戲劇的劇情更不能展現畫面的趣味表現，當作者具備
這些相關領域的知識，漫畫的幽默與諷刺的特性便能因應而生，成為一幅傑出
的作品。至於作品與讀者之間如何彼此互動吸引，漫畫題材與內容是關鍵，通
常漫畫題材必須貼近民眾的生活，其內容重在體現現實社會的知識與資訊，如
此才容易引起讀者在情感、想像、理解的主觀思維上進行審美體驗。

　　以戰爭時期，報章雜誌上的諷刺漫畫為例，不論是中國的抗戰漫畫、日本
侵略漫畫還是美國社論漫畫，作品中必定出現圖像與文字並存的畫面，同樣也
都是以幽默、諷刺方式呈現漫畫風格，只因為民族性的差異，以及戰爭目的的
不同，思維美學型態上便會出現各自的特色，但依據整體面作整理，還是會發
現彼此之間共同的審美特質。從漫畫作者的角度切入，比較中國漫畫家黃堯、
日本漫畫家田河水泡〔註2〕及美國漫畫家蘇斯博士的生平背景與作品來看（表
10），可以發現他們的共通點，均是受過教育的知識份子，也都有寫書及出版刊
物的經驗，足以顯示他們具備了所需的文學素養；再從雜誌上發表的漫畫題材
來看，由於他們對自己國家都充滿愛國的使命感，在他們漫畫中看見了自己利
用對戰爭的思考與理解，透過哲理批判來喚起讀者的共鳴，由此看出他們所擁
有哲學的智慧；最後，關注到整體畫面，作者們利用誇張的想像力卻又不失幽
默風趣的形象來傳達意義，給予讀者留下了深刻印象，充滿十足趣味的戲劇效
果。

　　再者，就視覺美學而言，現代漫畫由於科技的進步，繪圖軟體興盛加上印
刷精緻，不論出版商、作者就連漫畫迷都相當注重漫畫造型藝術的形式美，但
回顧戰亂時期的漫畫表現，基於經濟拮据考量與快速宣傳訴求，當時所有作品
幾乎都是以黑白單色來呈現漫畫形式，就算作者創作一些單幅的彩色原畫，在
必須傳達色彩訊息之下，最多也是出現在有限的彩頁插圖、封面甚至是放大的
海報之中。也或許考量到這些單色表現可避免在視覺效果上，色彩會吸走民眾

〔註2〕　本名高見澤　仲太郎，日本戰爭時期著名的漫畫家。1926年畢業於日本美術學
　　　　校，畢業後曾做過廣告設計及展覽裝潢工作，並從事小說寫作及漫畫創作，後
　　　　因創作描寫諷刺戰爭的漫畫《野狗二等兵》(のらくろ) 系列漫畫而一世風靡。

注意力，間接分散對主題敘事的效果，因此採用簡潔流暢的線條與清澈明亮的
色彩成爲了漫畫視覺效果的最佳審美特色。至於構圖方面，比起傳統的繪畫表
現，漫畫構圖更加豐富且變化，主要因爲漫畫重視幽默與諷刺風格，可以誇張、
變形的造型塑造出充滿趣味生動、性格獨特、傳神形象的畫面，也成爲了漫畫
的另一項審美特質。但最重要的是，漫畫家同藝術家一樣，在獨特思維的經營
下，每個人的創作均有自己的用筆方式、形象符號等等，顯現出強烈的個人色
彩。

## 表 10、漫畫審美特質比較

| 中國漫畫家黃堯 | 日本漫畫家田河水泡 | 美國漫畫家蘇斯博士 |
|---|---|---|
| 自幼接受傳統書畫的啓迪。任職於上海《新聞報》報社。創作牛鼻子系列漫畫作品。 | 畢業於日本美術學校。從事小說寫作及漫畫創作。創作《野狗二等兵》（のらくろ）系列漫畫作品。 | 牛津大學林肯學院肄業。擔任幽默雜誌的作家與插畫家、創作童書。戰爭期間成爲社論漫畫家。 |
|  |  |  |
| 〈丈二和尚〉，黃堯，1936年7月20日，《時代漫畫》28 期封面。 | 〈野狗二等兵〉，田河水泡，昭和 15 年 7 月（1940），《少年俱樂部》第 22 卷 1 號，講談社。 | 〈好笑……有些人永遠學不會將穀倉大門緊鎖〉（Funny... Some people never learn to keep their barn doors locked.），蘇斯博士，1942/02，《PM 雜誌》。 |
| 將牛鼻子打造成和尚形象，其頭包紗布，腳長濃瘡則表示上要醫頭，下要醫腳，暗諷上面領導層和下面百姓都病了，手拿著藥罐卻無從下手的窘境，影射戰亂時中國嚴重社會問題的存在。 | 用擬人手法，誇張形象，描繪一隻野狗立志去當兵的故事。在軍國主義的時代，爲政府打造一位卡通身分的英雄人物。 | 漫畫家擅長利用隱喻手法，此畫乃將德軍與日軍化身爲小偷，偷走穀倉裡的牛隻，一邊嘲弄政府當局的孤立主義，將國家封閉起來，杜絕支援他國；另一邊又暗諷日本像小偷一樣，偷襲珍珠港的卑劣行爲。 |

審美特質的共通點：
思維美學形態：通俗表現、幽默諷刺、文學素養、哲學批判、戲劇趣味、想像力豐富。
視覺美學型態：圖文並存、誇張造型、豐富多變的構圖、簡潔流暢的線條、清澈明亮的色彩

審美特質的差異性：各國民族性不同、戰爭目的不同，主要影響了諷刺漫畫內容與題材的差異性，如：
中國漫畫偏屬於社會現實的諷刺風格。
日本漫畫偏屬於軍國偽善的諷刺風格。
美國漫畫偏屬於自由社論的諷刺風格。

# 第二節　結　論

　　作為新興文藝表現的漫畫創作，最初只是以幽默形式落實於對社會現象的關切與嘲諷，直到戰爭時代的來臨，漫畫發展自然也出現了因應戰爭的考量，而展開漫畫宣傳運動的新局面，並且成為戰爭支援的後盾。這種近代戰爭期間的漫畫活動可稱之為戰爭漫畫宣傳，從第一次世界大戰至第二次世界大戰，在各國之間都能看到它的足跡。對政府而言，戰爭漫畫宣傳是為打擊敵軍或激勵人心而進行心理戰或宣傳戰的其中一項重要傳播工具，對社會大眾而言，戰爭漫畫宣傳的存在，不僅幫助教化宣導功能，也適時推動面對戰爭時加強團結合作的助力，對兩方來說，彼此具有相輔相成相互影響的關係，說明戰爭漫畫宣傳存在的重要性，這是筆者從中日美三國著手深入研究發現有關各國戰爭漫畫宣傳應用的共通特質。另外，針對前面幾項陳述的比較與歸納所發現的異同關係，也可以顯見戰爭期間中日美漫畫圖像宣傳之個別意圖，受到政治與軍事的操作，特別運用戰爭漫畫宣傳有意營造意識形態的操控來達成各自國家的作戰目的，本文分別從中國的抗戰漫畫宣傳、日本的侵略漫畫宣傳以及美國的反擊漫畫宣傳等方針，牽動著各自漫畫發展的走向，像是如何展現作戰之決心、如何提升戰場之士氣、如何打擊敵人之氣焰、如何宣示愛國之立場等等，都是戰爭漫畫宣傳的最終目標。

　　本論文的研究雖然涉及戰爭期間漫畫宣傳與國家政治和軍事的議題，但筆者最主要還是希望從社會文化的角度切入探究戰爭時期漫畫圖像的藝術表現對戰爭歷史的重要影響並試圖回顧過去的漫畫發展用來檢討現今社會對漫畫存在的意義和價值。筆者發現從戰亂時期，端看漫畫發展一直屹立不搖的

情況，再來比對現代的情形，在商業社會造就之下，發現現代人接觸漫畫的機會有增無減，且題材與類型更加多元化，因此選擇性變得多樣，對於愛幻想的青少年來說，使他們無時無刻深埋在漫畫世界中而無法自拔，也因為花太多時間閱讀漫畫，加上暴力與色情漫畫充斥市場，身為家長們擔憂孩子們影響課業與身心發展，總是以強硬態度反對孩童接觸漫畫讀本，並以偏概全地將漫畫視為不良刊物，但其實只要政府、學校與家長嚴格把關，花點心思與青少年孩童一起挑選並分享有內涵的漫畫，便能意識到漫畫如同文學一樣，不僅對孩子、就連大人還同樣具有提升智慧與心靈成長的助益。

　　漫畫的存在對民眾究竟有那些幫助，應該要從它所具有的社會教育功能來看，本論文研究戰爭漫畫宣傳，漫畫家利用漫畫作品對百姓進行教化作用，已經充分說明這項功能的存在。即使現代社會進步發達的年代，很多人汲汲營營追求名利與生活一切，卻容易忽略心靈的需求，每天只能面對茫然生命，找不到生活重心，這些人或許更需透過漫畫閱讀與欣賞來幫助他們心靈和智慧的成長。基於有感而發的想法，筆者針對漫畫所具備的功能項目做以下的歸類：

## 一、撫慰人心的心靈幫手

　　雖然戰爭時期的漫畫作品最主要是為了進行宣傳戰或者心理戰術而存在，但是在生活匱乏的年代，加上對戰亂危及到生命的擔憂，當民眾面前出現具有正面積極且有鼓舞士氣作用的漫畫作品，其實也能夠達到了撫慰人心的效果。然而對充滿壓力的現今社會來說，可愛的漫畫造型已經成為撫慰人心的心靈幫手，除了漫畫讀本外，現代網路作家流行單幅或四格漫畫，將工作職場或者生活故事用幽默故事融入漫畫主題，搭配可愛的漫畫造型，不僅輕鬆有趣的內容貼近人心，也容易讓人們緊繃的壓力獲得紓解。例如知名的網路漫畫作家彎彎，經常在部落格裡分享彎彎塗鴉日誌，現在部落格的累績人氣已達上億人數觀覽，火紅的程度甚至有出版社為她出書銷售，可以想見漫畫受到歡迎的程度。除了網路漫畫，還有像是現代智慧型手機中 APP 的通訊軟體也是處處可見卡通漫畫圖樣的蹤跡，在 wechat、line 等通訊軟體與朋友聊天，隨時附上漫畫圖案取代文字描述心情，早已成為人們心靈抒發不可或缺的依賴對象。

## 二、高效率的閱讀幫手

　　戰爭時期，漫畫宣傳服務的對象有一大半的民眾都是教育程度低或者文盲對象，為了教化他們為誰而戰以及為何而戰，只得以圖像取代文字做為宣

導工具。進入到現代社會，雖然教育普及，但時代進步也導致了人們生活步調越加快速，追求高效能的生活模式使得都會地區的民眾難以停下腳步慢慢思考，而且資訊發達、變化迅速，已有越來越多人不喜歡閱讀長篇大論的文章，因此觀賞視覺影像逐漸取代純文字瀏覽的趨勢越來越加明顯。其中，漫畫簡潔明瞭的視覺效果就省略了讀者許多時間與麻煩，有利於更快更迅速的獲取資訊。或許意識到這樣的變化，近幾年來，政府對民眾宣導政策的方式，也開始利用漫畫圖像進行宣傳，例如詐騙頻傳的消息不斷，政府為加強民眾的警覺心，委派漫畫家繪製許多防止詐騙故事的漫畫作品，公告於網站、電視以及警察局、銀行等許多公共場合進行宣導，經常有人經過時都會停下腳步觀看內容，往往能達成一定的效用。

## 三、抑惡揚善的辨識幫手

漫畫能夠成為抑惡揚善的辨識幫手，早在漫畫發展初期就已經出現在諷刺漫畫作品內，甚至延伸到戰爭時期，儘管諷刺漫畫題材當中存有各自國家的政治、軍事企圖，有些侵略國家甚至會拿諷刺漫畫做為欺騙洗腦的宣傳手段，但不可否認的事，漫畫依舊具有諷喻頌彰、抑惡揚善的作用，直到現今，諷刺漫畫仍存在於報紙刊物之中。就連娛樂漫畫也具有相同功能，如二次世界大戰當時美國著名的《超人》與《美國隊長》等連載漫畫，故事當中的主角都是具有超能力的英雄人物象徵正義使者，為百姓剷除罪犯，使讀者大快人心，在戰亂之時更為民眾帶來愛國正義的精神寄託，幫助民眾體悟邪不勝正的意涵。如今這類型的漫畫還在持續連載中，並且在世界各地流行，更成為好萊塢電影的熱門題材。不過這類漫畫內容畢竟潛藏著暴力情節的內容，還是有必要去規範和劃分適合觀賞的年齡分級。

## 四、激發創造力的學習幫手

漫畫家創作漫畫本身必須要具有豐富的想像力，才能創造出深具內涵與意義的漫畫作品，也因此才有機會同樣地刺激讀者激發無限的想像空間和創造能力，例如家喻戶曉的《哆啦A夢》，故事圍繞一個成長於日本普通家庭的小學生大雄，以及來自未來的機器貓哆啦A夢，展開一系列貼近日常生活情節卻又妙趣橫生的故事，雖然畫家藤子不二雄僅用簡單明快筆畫以及搭配詼諧語調來描繪畫中的人物及場景，但作者運用豐富想像力賜於哆啦A夢一個神奇口袋，裡面蘊藏許多超能的工具，總是在關鍵時候用來幫助他的主人大

雄，有多少人在孩童時將之視為夢想。或許漫畫中哆啦 A 夢以及他的神奇口袋都只是虛擬故事而已，但寓教於樂，無形中卻能培養孩童們的好奇心並潛藏無限的新點子，也許哪一天這些新點子也會讓他們發揮創意，創造出具高科技的創意產品也說不定。

## 五、增長見識的教育幫手

在過去的認知中，由於教育界並沒有漫畫這一門課程，同時也對升學考試沒有實質幫助，因此師長與家長們眼中，便將漫畫視為只是消遣娛樂的讀本，難登大雅之堂。這種觀點其實近幾年來已逐漸被予以糾正，因為漫畫形式採用圖文並茂方式，呈現的是作者的價值觀與經歷見聞，或許在漫畫中看不到學校裡的知識，但卻能學到日常生活中的常識，例如漫畫家小川悅司的料理漫畫《中華一番》，描繪四川廚師小當家結交許多對廚藝有志一同的朋友，並與所謂「黑暗料理界」對抗過程的冒險漫畫。內容中最難能可貴的便是能夠讓讀者在欣賞一次次的美食饗宴對決中，認識到中國的飲食文化。又如井上雄彥的運動漫畫《灌籃高手》，以高中籃球為題材，湘北高中的主力球員為主角，描繪一次又一次的籃球比賽，當中穿插許多扣人心弦的刺激競賽以及傳遞友情與愛情的故事情節，但更重要的也讓讀者獲得籃球比賽的技巧與規則等球類常識。由此可見，能提供增長見聞的漫畫選項十分多元，說明漫畫實具有教育性的功能。

筆者研究本論文希望有別於過去研究戰爭議題只著重於提及戰術、戰略與戰法的戰爭史以及軍事外交政策的政治史，試圖以不一樣的路徑，用藝術漫畫宣傳來解讀及詮釋戰爭的歷程，再次突顯漫畫藝術對人類生活影響的重要性。並從過去漫畫對戰爭宣傳的貢獻來正視戰後現代漫畫發展對現今社會有何幫助與改善，筆者未來研究也希望朝此方向繼續鑽研下去。總而言之，面對漫畫藝術，還是有很多研究途徑，可以對漫畫的發展與價值進行深入探討，加上近幾年來台灣學術界陸續出現不少有關漫畫研究的文章報告或論文主題，相信往後還會有更多相關的研究內容陸續出爐，因此，筆者希望獻一己之力拋磚引玉，能吸引更多學者對此研究產生廣大興趣，藉此擴大漫畫研究的範圍，並擴增國際領域的視野，為漫畫藝術的理論與知識累積更多豐碩的研究成果。

# 參考書目

## 一、中文書籍

1. 一可、王軍等編著,《小人書的歷史——漫談中國連環畫百年興衰》(重慶出版社 2008 年)。

2. 丁聰,《我的漫畫生活——丁聰》(北京:五洲傳播出版社,2004 年)。

3. 丁秀娟,《感悟豐子愷》(上海:東華大學出版社,2004/08)。

4. 于欽德、鮑文雄譯,森哲郎(日)著,《中國抗日漫畫史》(濟南:山東畫報出版社,1999 年)。

5. 山東出版社編輯部,《漫畫中的歷史》(濟南:山東出版社,2002 年)。

6. 王希譯,埃裏克·方納(Eric Foner)著,《美國自由的故事》(北京:商務印書館,2002)。

7. 方成,《報刊漫畫學》(臺北:亞太圖書出版社,1993 年)。

8. 中國革命博物館編,《抗日戰爭時期宣傳畫》(北京:文物出版社,1990 年)。

9. 甘險峰,《中國漫畫史》(山東:山東畫報出版社,2008 年)。

10. 西丁主編,《美術辭林——漫畫藝術卷》(大陸西安:陝西人民美術出版社,2000 年)。

11. 北京畫院編,《20 世紀北京繪畫史》(北京:人民美術出版社。2008/01)。

12. 江沛等編,《老新聞》(天津:天津人民出版社,2003 年),第 2 版。

13. 李其榮,《美國文化解讀——美國文化的多樣性》(濟南:濟南出版社,2005/05)。

14. 吳霈恩譯,Toby Clark 著,《藝術與宣傳》(臺北:遠流出版社,2003)。

15. 祝均宙,《圖件百年文獻——晚清民國年間畫報源流特點探究》(新北市:華藝學術出版社,2012 年)。

16. 洪佩奇，《美國連環漫畫史》（江蘇：譯林出版社，2007/04）。

17. 陶少藝，《抗戰漫畫運動研究》（大陸：廣西師範大學，2002 年）。

18. 盛興軍，《豐子愷年譜》（大陸：青島出版社，2005/09）。

19. 黃茅，《漫畫藝術講話》（上海：商務印書館出版，1947 年）。

20. 黃華新、陳宗明主編，《符號學導論》（河南人民出版社，2004 年）。

21. 姜亞沙等編著，《民國漫畫期刊集粹》（大陸：全國圖書館文獻縮微複製中心，2004 年）。

22. 畢克官、黃遠林，《中國漫畫史》（北京：北京文化藝術出版社，1986 年）。

23. 陳鵬仁譯，藤原彰著，《解讀中日全面戰爭》（臺北：水牛圖書出版有限公司，1996/01）。

24. 陳鵬仁譯，臼井勝美著，《中日關係史》（臺北：水牛圖書出版有限公司，2003/10）。

25. 陳鵬仁，《近百年來中日關係》（臺北：水牛圖書出版有限公司，1987 年），中日文對照、二版。

26. 陳鵬仁譯，臼井勝美著，《近代日本外交與中國》（臺北：水牛圖書出版有限公司，1986 年），二版。

27. 陳仲偉，《台灣漫畫文化史》，（臺北：杜葳出版社，2006 年）。

28. 陳仲偉，《台灣漫畫年鑑》，（臺北：杜葳出版社，2008 年）。

29. 陳白夜、徐琰編著，《中外漫畫簡史》（浙江：浙江大學出版社，2008/02）。

30. 陳星，《豐子愷的藝術世界》（高雄：佛光出版社，1993 年）。

31. 張玉法，《中華民國史稿》（臺北：聯經出版公司，1998 年）。

32. 張敏謙譯，易士·哈茨（Louis Hartz）著，《美國的自由主義傳統》（北京·中國社會科學出版社，2003 年）。

33. 齊紅深，《日本侵華教育史》（北京：人民教育出版社，2002 年）。

34. 齊紅深，《日本對華教育侵略——對日本侵華教育的研究與批判》（北京：昆侖出版社，2005 年）。

35. 齊紅深編著，《見證日本侵華殖民教育》（遼寧：遼海出版社，2005/06）。

36. 楊豫譯，彼得·柏克（Peter Burke）著，《圖像證史》（北京：北京大學出版社，2008 年）。

37. 葉秋楓譯，徐中約著，《中國近代史》（北京：世界圖書出版公司，2008 年），第 6 版。

38. 葉渭渠，《日本文化史》（桂林：廣西師範大學出版社，2003 年）。

39. 蔡綺，《從戰爭海報看海報戰爭：二次世界大戰美國宣傳海報研究》（臺北：七月文化事業有限公司，2000/01）。

40. 蔡錦堂，《戰爭體制下的台灣》（臺北：日創社文化，2006 年）。

41. 劉英，《豐子愷圖傳》（湖北：人民出版社，2005/01）。

42. 鄭工，《演進與運動──中國美術的現代化（1875～1976）》（大陸：中國藝術研究院，2000 年）。

43. 蕭湘文，《漫畫研究──傳播觀點的檢視》（臺北：五南圖書出版股份有限公司，2002 年）。

## 二、外文書籍

1. Anthony Richard Ewart Rhodes.（1976）.*Propaganda: The Art of Persuasion : World War II*.第一卷. American: Chelsea House.

2. Bredhoff, Stacey, *Powers of Persuasion: Poster Art from World War II*, National Archives Trust Fund Board. 1994.

3. Cohen, Charles D. the *The Seuss, the Whole Seuss and Nothing But the Seuss: A Visual Biography of Theodor Seuss Geisel*，（美國：Random House Books，2004/02）

4. De Gruyter, Walter. *Editorial Cartoon Awards 1922-1997*. Walter de Gruyter. 2011/04。

5. De Mendelssohn, Peter. *Japan's Political Warfare*. New York: Arno Press, 1972.

6. Gregory, G.H. *Posters of World War II,* Gramercy Books. 1993.

7. Minear, Richard H. *Dr. Seuss goes to war: the World War II editorial cartoons of Theodor Seuss Geisel*. New York: The New Press in cooperation with the Dr. Seuss Collection at the University of California at San Diego.1999.

8. 石子順，《日本漫畫史》上下卷，（東京都：大月書店，1979）。

9. 石子順，《日本の侵略、中国の抵抗──漫画に見る日中戦争時代》（东京都：大月書店，1995 年）。

10. 清水勳，《年表日本漫畫史》（日本：臨川書店，2007）。

11. 清水勳，《圖說漫畫的歷史》（日本：河出書房新社，1999 年）。

## 三、論文著作

1. 邱舜平，《抗日時期我國宣傳漫畫研究》（台中技術學院商業設計研究所碩士論文，2008）。

2. 徐佳馨，《漫步圖框世界：解讀日本漫畫的文化意涵》（新北市：輔仁大學大眾傳播所碩士論文，2001）。

3. 陳逢申，《戰爭與文宣：以中國抗日時期的話劇、音樂及漫畫爲例（1937～1945）》（臺北：中國文化大學史學系研究所博士論文，2004）。

4. 陳仲偉，《日本漫畫 400 年：大眾文化的興起與轉變》（台中：東海大學社會學系博士論文，2009/05）。

5. 張柏舟，《漫畫式圖像在視覺藝術表現上之創作》（臺北：台灣師範大學設計研究所碩士論文，2008/08）。

6. 古蕙華，《日治後期台灣皇民化運動中的圖像宣傳與戰時動員（1937～1945）——以漫畫和海報為中心》（臺北：台灣師範大學歷史學系研究所碩士論文，2001/01）。

## 四、期　刊

1. 井上祐子，〈戰時下の漫画——新体制期以降の漫画と漫画家団体——〉，《立命館大学人文科学研究所紀要》，日本：立命館大学，2002/12，頁 103～133。

2. 尹章義，〈台北成淵中學百年史與張福祿〉，《台北文獻》（台北市文獻委員會），第 177 期，頁 123～160。

3. 朱惠，〈抗戰時期的漫畫家及漫畫作品〉，《文藝理論與批評》（北京：中國藝術研究所，2005 年），第 4 期，頁 33～36。

4. 周韜、李彩素，〈論中國共產黨與抗戰時期的國民政府政治部第三廳〉，《湖南科技大學學報——社會科學版》（大陸：湖南科技大學，2010/03），第 13 卷第 2 期，頁 132～136。

5. 陳德馨，〈大眾文化中的圖像詮釋——從一幅表現魯迅論戰精神的漫畫說起〉，《藝術學研究》（桃園：中央大學藝術學研究所，2012/05），第 10 期，頁 209～254。

6. 陳世慶，〈日據台時之「皇民奉公」運動〉，《臺北文物》，第 8 卷第 2 期，1956/06，頁 75～79。

7. 凌承緯、張懷玲，〈抗戰時期的漫畫宣傳隊〉，《中國美術館》（北京：中國美術出版總社，2011/12）第 12 期，頁 87～92。

8. 齊德學，〈中國抗日戰爭與民眾〉，《軍事歷史》（大陸：國際軍事委員會，2008 年）第 5 期，頁 15～17。

9. 劉建新，〈抗戰中，漫畫家的心是火熱的!〉，《新聞與寫作》（北京：北京日報社，2005 年），第 8 期，頁 10～15。

10. 霍修勇，〈湖南抗戰時期的漫畫宣傳〉，《湘潮》（湖南：中央委黨史研究室，2005 年），第 9 期，頁 34～37。

11. 蔡錦堂，〈再論「皇民化運動」〉，《淡江史學》，第 18 期，2007/09，頁 227～245。

## 五、雜誌報紙

1. 王敦慶、曹涵美編輯，《漫畫界》（上海漫畫建設出版社，1936/04～11），共 8 期。

2. 王敦慶主編，《救亡漫畫》（上海漫畫界救亡協會，1937/09～1937/12），共 12 期。

3. 台灣日日新報社，《台灣日日新報》（臺北：台灣總督府，1898～1944）。

4. 黃士英等編，《漫畫生活》（上海美術生活雜誌社，1934/09～1935/09），共 13 期。

5. 黃士英等編，《漫畫和生活》（上海美術生活雜誌社，1935/11～1936/02），共 4 期。

6. 魯少飛主編，《時代漫畫》（上海：時代圖書公司，1934//01～1937/06），共 39 期。

7. 葉淺予主編，《抗戰漫畫》（漫畫宣傳隊出版，1938/01～1938/06），共 12 期。

8. 趙望雲主編，《抗戰畫刊》（華中圖書公司，1938/01～1941），共 34 期。

9. 武德報社，《北京漫畫》（北京：武德報社，1940/06～1943/09），共 9 期。

10. 華北漫畫協會，《中華漫畫》（北京：武德報社，1944/02～05），共 4 期。

11. 中國漫畫社，《中國漫畫》（上海刻社，1942/10～1943/05），共 5 期。

12. 講談社編輯，《少年俱樂部》（日本：講談社，1937～1945）。

13. 加藤悅郎、岸丈夫、安本亮一，《新體制漫畫讀本》（大日本赤誠會出版局，昭和 16 年（1941））。

14. 新日本漫畫家協會，《漫畫》（大政翼贊會宣傳推廣部，1940/10～1944/12），共 52 期。

15. 李斯坦（Stan Lee）編輯，《美國隊長 Captain America》（美國：Marvel 公司出版，1941～1945）。

16. Vin Sullivan; M.C. Gaines 編輯，《超人 Superman》（美國：DC 漫畫出版，1941～1945）

## 六、網站文章

1. 《上海美術志——美術教育與美術研究》，上海市地方誌網，
http://www.shtong.gov.cn/node2/node2245/node73148/node73152/index.html

2. 《空前繁榮的三十年代》，中國漫畫網，
http://www.chiculture.net/20504/html/c08/20504c08.html

3. 《天津通志——文化藝術志》，天津市地方誌網，
http://www.big5.tjdfz.org.cn/tjtz/whys/dashijilve/

4. 《紀念抗日戰爭勝利 65 周年漫畫專題》，新漫網，
   http://cartoon.chinadaily.com.cn/focusview.shtml?fid=192&page=6\

5. 吳繼金，〈抗戰時期日軍對中國開展的美術宣傳戰〉，《黨史博覽》（2012
   年，第 11 期），http://www.xzbu.com/1/view-3673755.htm

6. 黃可，〈上海漫畫家投身抗日烽火——中國漫畫發祥地上海的老漫畫〉，
   《藝術講談》（上海文藝網站，2008.06.10），
   http://wy.eastday.com/renda/shwl/node4174/u1a1510937.html

7. 淩承緯，〈抗戰時期的漫畫宣傳隊〉，（龍源期刊網，2011/12/14），
   http://qikan.tze.cn/Template/default/DownLoad.aspx?TitleID=artj20111214

8. 陳樹升，〈從寫實到隱喻——二二八年代台灣版畫初探〉，《時代的他者——
   ——二二八年代的美術見證》，國立台灣美術館
   http://www1.ntmofa.gov.tw/228/html/doc3/index.html

## 七、漫畫專屬網站

1. 三毛漫畫網站，http://www.sanmao.com.cn/index.html

2. 中國漫畫家網站，http://www.cartooncn.org/a/manhaigouchen/

3. 黃堯漫畫網站，http://huangyao.org/1466.html

4. 新漫網，http://cartoon.chinadaily.com.cn/index.shtml

5. 廖冰兄藝術網站，http://com.liaobx.org/index1.html

6. 國立公文書館（日本），http://www.archives.go.jp/

7. The Grand Comics Database Project（GCD）（美國連環漫畫），
   http://www.comics.org/

8. Dr. Seuss:A Catalog of Political Cartoons，
   http://libraries.ucsd.edu/speccoll/dswenttowar/

9. WW2 Cartoons: Aunt Ethel's War（美國報紙社論漫畫），
   http://ww2cartoons.org/

# 參考附錄

## 表 11、中日美戰爭漫畫發展簡表

| | 中 國 | 日 本 | 美 國 |
|---|---|---|---|
| 1930 年 | ✳魯迅與其他文學家在上海成立了「中國左翼作家聯盟」、「中國左翼美術家聯盟」等左翼藝文團體 | | |
| 1931 年 | ✳九一八事變 | ✳自九一八事變以來，陸續出版《海軍生活教育漫畫》、《軍隊教育漫畫營內生活全集》、《長野軍隊教育畫解馬與士兵》、《長野軍隊教育畫解爆笑兵》……等軍事郵便明信片<br>✳發表田河水泡《野狗二等兵》系列連載漫畫（～1941） | |
| 1932 年 | | ✳3 月，扶植傀儡國家滿洲國 | |
| 1934 年 | ✳魯少飛主編《時代漫畫》雜誌（1934//01～1937/06）<br>✳黃士英等編《漫畫生活》雜誌（1934/09～1935/09） | ✳出版島田啓三《冒險灘吉》連載宣傳漫畫<br>✳出版牧野大誓《無敵三槍士》連載宣傳漫畫 | |

| 1935 年 | ✽黃士英等編《漫畫和生活》雜誌（1935/11～1936/02） | ✽出版中島菊夫《日之丸旗之助》連載宣傳漫畫 | |
|---|---|---|---|
| 1936 年 | ✽王敦慶、曹涵美編輯《漫畫界》雜誌（1936/04～11）<br>✽11 月，上海大新公司四樓展覽廳舉行「第一屆全國漫畫展覽會」 | | |
| 1937 年 | ✽七七事變<br>✽八一三事變<br>✽成立的「中華全國漫畫作家協會」<br>✽王敦慶主編《救亡漫畫》雜誌（1937/09～12）<br>✽葉淺予主編《抗戰漫畫》雜誌（1938/01～06）<br>✽春，上海漫畫界成立「中華全國漫畫作家協會」<br>✽8 月，組織「上海漫畫界救亡協會」<br>✽8 月，成都成立「四川漫畫社」<br>✽9 月，南京新街口大華戲院舉辦「抗敵漫畫展覽會」<br>✽9 月，廣州成立「華南漫畫救亡協會」 | ✽進入中日全面戰爭，出版《大東亞戰陸海皇軍南方進擊》、《陸軍少年飛行兵》……等軍事郵便明信片<br>✽八一三事變後，日本政府聲明對中國開戰的目的在於「膺懲暴戾支那」<br>✽9 月，日本政府提倡「國民精神總動員運動」<br>✽11 月，日本企劃院提出國家總動員法要綱<br>✽12 月，於北京成立偽「中華民國臨時政府」 | ✽DC 漫畫出版《偵探漫畫》雜誌（1937 年～迄今） |
| 1938 年 | ✽1 月，西安成立「中華全國漫畫作家協會西安分會」<br>✽2 月，「中華全國漫畫作家協會」改組成立了「中華全國漫畫作家協會工作委員會」<br>✽年初，國民政府改組軍事委員會，設置了「政治部」轄下的「第三廳」<br>✽6 月，政府軍事委員會 | ✽北京成立「黑白漫畫協會」<br>✽3 月，南京成立偽「中華民國維新政府」<br>✽6 月，「東京漫畫研究所」創刊《卡利加利》漫畫雜誌<br>✽11 月，日本政府號召建立一個「大東亞共榮圈」<br>✽透過日本海陸軍設立 | ✽DC 漫畫出版《動作漫畫》雜誌（1938/06～迄今） |

| | | | |
|---|---|---|---|
| | 政治部第三廳參與由蘇聯主辦的「中國抗戰漫畫展」展覽 | 的直屬機構「宣撫班」 | |
| 1939 年 | ＊香港成立「中華全國漫畫作家協會香港分會」<br>＊成立「中華全國漫畫作家協會蘭溪分會」<br>＊5 月，「全國漫畫作家協會戰時工作委員會」改名為「中華全國漫畫作家抗敵協會」並成立了重慶分會<br>＊7 月，全國漫畫作家協會桂林分會編輯《漫木旬刊》雜誌 | ＊9 月，於張家口成立偽「蒙古聯合自治政府」 | ＊DC 漫畫公司出版《超人》漫畫（1939～1986/09）<br>＊時代漫畫公司出版《漫威漫畫》雜誌（1939 年～迄今） |
| 1940 年 | ＊7 月，全國木刻界抗敵協會編輯《漫畫木刻月選》雜誌（～8 月）<br>＊9 月，國民政府裁撤第三廳<br>＊10 月，國民政府成立「文化工作委員會」<br>＊年底，「中華全國漫畫作家抗敵協會」成立桂林分會<br>＊張樂平主編《星期漫畫》雜誌<br>＊12 月，張樂平主編《刀與筆》雜誌 | ＊日本中央成立「新日本漫畫家協會」，之後發行《漫畫》月刊雜誌（1940/10～1944/12）<br>＊3 月，南京成立偽「中華民國國民政府」<br>＊3 月，成立「北京中日漫畫協會」<br>＊武德報社編輯《北京漫畫》（1940/06～1943/09）<br>＊10 月，成立「大政翼贊會」組織<br>＊由加藤悅郎等人成立「建設漫畫會」 | |
| 1941 年 | ＊1 月，皖南事變<br>＊2 月，國民政府成立「文化運動委員會」 | ＊日本政府繪製《新體制漫畫讀本》和《太平洋漫畫讀本》等宣傳漫畫書籍 | ＊3 月，國會通過租借法案<br>＊時代漫畫公司出版《美國隊長》（1941/03～1954/09）<br>＊8 月，英美簽署簽署《大西洋憲章》聯合宣言<br>＊12 月，珍珠港事變 |

| 1942 年 | | ＊上海曹涵美主編《中國漫畫》雜誌（1942/10～1943/05） | ＊4 月，美軍駕駛轟炸機襲擊日本東京和其他城市<br>＊6 月，美國政府成立的戰爭資訊局 |
|---|---|---|---|
| 1943 年 | | ＊夏，日本海軍成立「大東亞漫畫研究所」；陸軍成立「報國漫畫研究會」<br>＊由北澤樂天、岡本一平等人成立了「日本漫畫奉公會」<br>＊12 月，組織「華北漫畫協會」 | ＊9 月，軸心國義大利投降<br>＊12 月，美、蘇、英、中等 26 個國家簽署反法西斯《聯合國家宣言》 |
| 1944 年 | | ＊「日本漫畫奉公會」出刊《決戰漫畫輯》雜誌<br>＊「華北漫畫協會」編輯《中華漫畫》雜誌（1944/02～05） | |
| 1945 年 | | ＊日本投降 | |

## 表 12、中國救亡時期雜誌漫畫一覽表（1931～1937）

| 刊　名 | 創辦及編輯 | 出版發行單位 | 創停刊日期 | 內容簡介 |
|---|---|---|---|---|
| 《玲瓏漫畫》旬刊 | 黃士莫編輯 | 該社發行 | 1932/10～11（1～6 期） | 社會生活漫畫 |
| 《漫畫畫報》 | | 廣州羊社 | 1932～1935 | 生活漫畫、少量政治漫畫、風景介紹 |
| 《詩歌漫畫》月刊 | 上海該社編輯 | 再現藝術社出版、上海雜誌公司發行 | 1934/01（1 期） | 漫畫、詩歌形式，內容包含諷刺社會及人情趣味 |
| 《時代漫畫》 | 魯少飛主編 | 上海時代圖書公司出版發行 | 1934//01～1937/06（共 39 期） | 以漫畫爲主的專門期刊。（期間 1936/02～05 被迫停刊） |
| 《萬象》Ⅰ | 張光宇等編輯 | 上海時代圖書公司出版發行 | 1934/05/20～1935/06（3 期） | 漫畫、文章、美術作品等綜合性刊物 |
| 《電影漫畫》 | 張白露主編 | 上海電影漫畫社出版發行 | 1934/06～07（1～2 期） | 漫畫、電影故事、人物速寫等綜合月刊 |
| 《漫畫生活》月刊 | 黃士英、黃鼎等編輯 | 上海美術生活雜誌社出版發行 | 1934/09～1935/09（1～13 期） | 幽默漫畫形式，諷刺社會弊端、描繪上流社會、勞動人民生活等 |

| 《旁觀者》月刊 | 胡考主編 | 上海近代公司出版，上海時代圖書公司發行 | 1934/11/15 | 漫畫、攝影、雜文等綜合月刊 |
|---|---|---|---|---|
| 《群眾漫畫》月刊 | 江毓祺、曹聚仁等編輯 | 上海群眾漫畫社出版 | 1935/02～05（1～3 期） | 漫畫、雜文隨筆、照片綜合月刊 |
| 《現象漫畫》週刊 | 萬籟鳴、薛萍主編 | 上海現象圖書刊行社出版 | 1935/04/16（2 期） | 漫畫為主，反映社會生活情趣。 |
| 《電影漫畫》 | 朱錦縷等編 | 上海慢盧圖書公司發行 | 1935/04～06（1～3 期） | 漫畫、文字漫畫、圖片、談笑 |
| 《漫畫漫話》 | 淩波等編輯 | 上海該社發行 | 1935/04～07（1～4 期） | 抗戰漫畫、政治漫畫、都市生活漫畫等 |
| 《中國漫畫》月刊 | 朱錦縷主編 | 上海中國圖書刊行社出版，中華雜誌公司發行（第 2 期起改由中國漫畫社出版，發行人為張英） | 1935/07/10～1937/06（1～14 期） | 社會生活漫畫、抗日漫畫漫畫等 |
| 《獨立漫畫》月刊 | 張光宇主編 | 上海獨立出版社 | 1935/09～1936/02（1～9 期） | 以風趣幽默抨擊侵略者，諷刺社會弊端，讚人間美好親情 |
| 《大眾漫畫》 | 張鴻飛編輯 | 上海胡中彪發行 | 1935/10（1 期） | 反映社會生活各階層，漫畫、攝影、木刻等 |
| 《新時代漫畫》月刊 | 陳柳風、陳明勳編輯 | 上海春社出版發行 | 1935/10/10（1 期） | 漫畫，反映社會生活內容 |
| 《漫畫和生活》月刊 | 張諤編輯 | 上海該社發行 | 1935/11～1936/02（1～4 期） | 抗戰漫畫、都市漫畫、政治漫畫等 |
| 《漫畫》半月刊 | 上海大眾藝術社編輯 | 上海大眾藝術社發行 | 1936/01（1 期） | 以趣味性漫畫反映社會生活 |
| 《生活漫畫》月刊 | 黃士英、劉永福編輯 | 上海該社發行 | 1936/04～05（1～3 期） | 漫畫、木刻、藝術、漫談等綜合月刊 |
| 《漫畫界》月刊 | 王敦慶、曹涵美編輯 | 上海漫畫建設社出版發行 | 1936/04～11（1～8 期） | 每期皆有專刊主題如：復古號、風俗號、報導漫畫專號……等等 |
| 《上海漫畫》月刊 | 該社編輯 | 上海獨立出版社 | 1936/05～1937/06 | 抗戰漫畫、社會生活漫畫 |

| 《旅行漫畫》 | 葉淺予主編 | 上海雜誌公司發行 | 1936/06 | 葉先生個人漫畫作品 |
|---|---|---|---|---|
| 《滑稽畫報》半月刊 | 上海該社編輯 | 上海三和出版社發行 | 1936/08～1937/05（1～19期） | 漫畫形式，反映社會生活及笑話漫畫 |
| 《萬象》II | 胡考主編 | 上海萬象出版社出版發行 | 1936/09/05（1期） | 漫畫爲主，反映社會生活 |
| 《漫畫世界》月刊 | 黃士英主編 | 上海該社出版發行 | 1936/09/06（2期） | 抗日救國漫畫 |
| 《小上海人漫畫》 | 該社編輯 | 該社發行 | 1936/10 | 連環漫畫（副題名：十字架） |
| 《東方漫畫》月刊 | 新藝漫畫社主編 | 上海東方出版社發行 | 1936/12 ～ 1937/08 | 政治漫畫與諷刺、國際漫畫、連續長篇漫畫 |
| 《漫畫之友》半月刊 | 王敦慶、張鴻飛編輯 | 上海該社發行 | 1937/03～05（1～4期） | 抗戰漫畫、生活漫畫、政治漫畫等 |
| 《牛頭漫畫》 | 該社編輯 | 該社發行 | 1937/05（1期） | 社會幽默漫畫 |

資料來源：祝均宙，《圖件百年文獻——晚清民國年間畫報源流特點探究》（新北市：華藝學術出版社，2012 年）；上海市地方誌辦公室 http://www.shtong.gov.cn（上海新聞志——第四編業務——第五章新聞攝影與漫畫——第二節漫畫），（上海美術志——第二編美術教育與美術研究——第二十一章美術報刊——第一節美術期刊） 等。編者整理。

## 表 13、救亡時期報紙副刊「漫畫專報」一覽表（1931～1937）

| 副刊名稱 | 隸屬報紙名　　稱 | 出版地 | 編輯（或主辦人） | 創停刊日期 | 備註 |
|---|---|---|---|---|---|
| 〈星期漫畫〉週刊 | 《時代日報》 | 上海 | | 1932/07/03 ～ 08/27 | 共 9 期 |
| 〈晨報漫畫〉半月刊 | 《晨報》 | 上海 | 清白漫畫會編輯 | 1932/10/14 ～ 1934/03/19 | 共 19 期 |
| 〈社會星期漫畫〉週刊 | 《社會日報》 | 上海 | 黃士英主編 | 1933/06～10 | |
| 〈每週漫畫〉週刊 | 《世界日報》 | 北平 | | 1935/03～06 | 1～18 期 |
| 〈每日漫畫〉日刊 | 《世界日報》 | 上海 | 陳靜生主編 | 1935/08/11 ～ 10/18 | 共 68 期 |
| 〈漫畫俱樂部〉週刊 | 《小晨報》 | 上海 | | 1935/11/17 ～ 12/30 | 共 7 期 |

| 〈圖畫週刊〉週刊 | 《朝報》 | 南京 | 高龍生繪編 | 1935/12/04 ～ 25 | 4～7 期 1936/01/08 改名〈一周漫畫〉 |
|---|---|---|---|---|---|
| 〈一周漫畫〉週刊 | 《朝報》 | 南京 | 高龍生繪編 | 1936/01 ～ 1937/03 | 5～18 期 |
| 〈民間漫畫〉 | 《小民報》 | 福州 | 人生漫畫社編輯 | 1936/04 | |
| 〈卡呑〉 | 《華報》 | 福州 | 人生漫畫社編輯 | 1936/06～09 | 1～15 期 |
| 〈十日漫畫〉十日刊 | 《小民報》 | 福州 | 鄧向椿等編輯 | 1936/09/05 ～ 1937/05/20 | |
| 〈人生漫畫〉 | 《華報》 | 福州 | 王竹生主編 | 1936/10/05 ～ 12 | 4～5 期 |

資料來源：祝均宙，《圖件百年文獻——晚清民國年間畫報源流特點探究》（新北市：華藝學術出版社，2012 年）；上海市地方誌辦公室 http://www.shtong.gov.cn（上海新聞志——第四編業務——第五章新聞攝影與漫畫——第二節漫畫），（上海美術志——第二編美術教育與美術研究——第二十一章美術報刊——第二節報紙美術副刊）等。編者整理。

## 表 14、抗戰時期主要漫畫刊物一覽表（1937～1938）

| 刊　名 | 創辦及編輯 | 出版發行單位 | 創停刊日期 | 內容簡介 |
|---|---|---|---|---|
| 《救亡漫畫》五日刊 | 王敦慶編輯 | 上海漫畫界救亡協會出版 | 1937/09/20 ～ 1937/12（2～12 期） | 第一份全國性的突出宣傳抗日救國的漫畫刊物 |
| 《非常時漫畫》 | 江牧主編 | 上海ㄅㄆㄇ圖文社出版 | 1937/11/10（共 1 期） | 抗日救國漫畫 |
| 《抗敵漫畫》 | 陳振龍、朱君爽等合編 | 福建永嘉抗敵後援會出版 | 1937/12～1939 | 抗日救國漫畫 |
| 《抗戰畫刊》十日刊 | 趙望雲編輯 | 武漢華中圖書公司出版發行 | 1938/01～1939（1～23 期） | 抗日救國漫畫 |
| 《抗戰畫刊》月刊 | 趙望雲編輯 | 重慶華中圖書公司出版發行 | 1939～1941（24～34 期） | 抗日救國漫畫 |
| 《抗戰漫畫》半月刊 | 葉淺予編輯 | 漫畫宣傳隊出版 | 1938/01/01 ～ 1938/06（共 12 期） | 抗日救國漫畫（武漢、重慶） |
| 《滑稽世界》半月刊 | 上海該社編輯 | 上海該社出版 | 1938/03/10～（共 8 期） | 漫畫刊物、長篇連環漫畫，反映社會生活趣味性消遣性的內容 |

| | | | | |
|---|---|---|---|---|
| 《漫畫戰線》雙週刊 | 張諤、特偉等編輯 | 全國漫畫家協會華南分會（廣州）主辦 | 1938/04～？ | 抗日救國漫畫 |
| 《廣州漫畫》月刊 | 該刊編輯 | 廣州廣東漫畫刊發行 | 1938/04～05（1～2期） | 抗日愛國漫畫與版畫，報導廣州漫畫活動及外國漫畫作品 |
| 《滑稽漫畫》旬刊（初爲月刊） | 陳掃白編輯 | 上海中美出版公司出版 | 1938/10（1～12期） | 全部譯載歐美國家的長篇滑稽漫畫 |
| 《漫畫》Ⅰ半月刊 | 張鴻飛編輯 | 上海國泰公司出版部發行 | 1938/12/05 ～ 1939/01（1～3期） | 抗戰漫畫、政治漫畫、社會風情漫畫、外國漫畫作品等 |
| 《全國抗戰版畫》 | 仇宇主編 | 上海原野出版社出版 | 1939/03（共1期） | 以抗日救國爲題材的木刻版畫 |
| 《漫畫與木刻》 | 刻刊編輯部 | 刻刊發行 | 1939/05 | 抗日戰爭題材作品，介紹木刻知識 |
| 《漫畫世界》月刊 | 黃士英編輯 | 該社發行 | 1939/09～10（1～2期） | 副題名：表露現實世界的漫畫刊物 |
| 《抗衛軍畫刊》 | 抗衛總司令部政訓處宣傳科編輯 | 抗衛總司令部政訓處宣傳科發行（浙江金華） | 1939/10～12（共5期） | 抗日救國漫畫 |
| 《西風漫畫》月刊 | 上海西風社編輯部 | 上海西風社出版發行 | 1940/01 | 譯載歐美國家的漫畫作品，偏重于幽默性消遣性 |
| 《抗建通俗畫刊》月刊 | 王建鐸等編輯 | 重慶抗建通俗畫刊社 | 1940/01/01～1942/07 | 抗日救國漫畫 |
| 《漫畫木刻月選》月刊 | 全國木刻界抗敵協會、漫畫宣傳隊編輯 | 廣州該會發行 | 1940/07～08（1～2期） | 廣西抗日時期木刻、漫畫合編刊物 |
| 《漫畫》Ⅱ月刊 | 上海文化圖書公司編輯 | 上海文化圖書公司出版 | 1941/01～02（1～2期） | 反映社會生活 |
| 《漫畫木刻叢刊》 | 牧野編輯 | 上海枝梧出版社發行 | 1941/04（共1期） | 漫畫、木刻、詩歌文藝、戲劇、電影 |
| 《漫畫》Ⅲ月刊 | 鄭天木等編輯 | 上海漫畫社出版發行 | 1941/05/10 ～ 1941/06（1～3期） | 以漫畫爲主，抗日戰爭時期所見所聞的各個生活側面 |

| 《木刻藝術》 | 鄭野夫、楊可揚主編 | 浙江麗水木刻用品合作社發行 | 1941/09/01（1943 年夏在福建赤石續出了第 2 期） | 介紹木刻版畫藝術，部分以抗日爲創作題材 |
|---|---|---|---|---|
| 《中國漫畫》月刊 | 曹涵美主編 | 上海中國漫畫社出版發行 | 1942/10～1943/05（1～6 期） | 漫畫爲主，偏重情趣性、欣賞性、消遣性 |
| 《中國木刻》月刊 | 上海該社編輯 | 中國木刻作者協會發行 | 1942/12/10～1943/04（1～3 期） | 圖文並重，介紹木刻版畫 |
| 《半月漫畫》 | 蕭雄主編 | 上海青年畫社出版發行 | 1944/11/15（1～2 期） | 消遣性的漫畫小刊物 |

資料來源：祝均宙，《圖件百年文獻——晚清民國年間畫報源流特點探究》（新北市：華藝學術出版社，2012 年）；霍修勇，〈湖南抗戰時期的漫畫宣傳〉，《湘潮》（湖南：中央委黨史研究室，2005 年），第 9 期，頁 34～37；森哲郎（日）著，於欽德、鮑文雄譯，《中國抗日漫畫史》（濟南：山東畫報出版社，1999 年）等。編者整理。

## 表 15、抗戰時期報紙副刊「漫畫專報」一覽表（1937～1945）

| 副刊名稱 | 隸屬報紙名稱 | 出版地 | 編輯（或主辦人） | 創停刊日期 | 備註 |
|---|---|---|---|---|---|
| 〈錫報漫畫〉 | 《錫報》 | 江蘇無錫 | | 1937/08/02 | 1 期 |
| 〈救亡漫畫〉五日刊 | 《救亡日報》 | 上海 | | 1937/09/20～1937/11 | 1～11 期（〈救亡漫畫〉在當時既隨報附送，又單獨發行） |
| 〈抗敵畫刊〉 | 《抗敵導報》 | 杭州 | 杭州藝術專校編輯 | 1937/10～11 | 1～8 期 |
| 〈漫畫週刊〉週刊 | 《華美晚報》 | 上海 | | 1937/08/01～08/08 | 共 2 期 |
| 〈每週漫畫〉週刊 | 《社會日報》 | 上海 | 江棟良主編 | 1938/03～07 | 1～18 期 |
| 〈每週漫畫〉週刊 | 《大美晚報（晨刊)》 | 上海 | | 1938/04/26～06/28 | 共 10 期（05/01 改名《大美報》） |
| 〈卡通〉 | 《正報》 | 上海 | | 1939/04/06～05/19 | 1～7 期 |

| | | | | | |
|---|---|---|---|---|---|
| 〈每日畫刊〉 | 《社會日報》 | 上海 | | 1939/04/10～04/12 | 共 2 期（漫畫與木刻版畫） |
| 〈每週漫畫〉週刊 | 《中華日報》 | 上海 | | 1939/11/06～1940/12/22 | 共 54 期 |
| 〈漫畫〉 | 《新申報》 | 上海 | | 1941/08/15～12/22 | 共 17 期 |
| 〈十日漫畫〉旬刊 | 《新申報夜報》 | 上海 | 江棟良主編 | 1941/11/02 | 1 期 |
| 〈漫木〉半月刊 | 《新康報》 | 西康 | | 1943/02/01 | 1 期 |
| 〈漫畫〉 | 《天津華北新報》 | 天津 | | 1944/10～11 | |
| 〈漫畫〉週刊 | 《華北新報》 | 北京 | | 1944/10～12 | |
| 〈每週漫畫〉週刊 | 《光華日報》 | 上海 | 江棟良主編 | 1945/04～08 | 1～6 期 |

資料來源：祝均宙，《圖件百年文獻──晚清民國年間畫報源流特點探究》（新北市：華藝學術出版社，2012 年）；淩承緯、張懷玲，〈抗戰時期的漫畫宣傳隊〉，《中國美術館》（北京：中國美術出版總社，2011/12）第 12 期，頁 87～92。森哲郎（日）著，於欽德、鮑文雄譯，《中國抗日漫畫史》（濟南：山東畫報出版社，1999 年）等。編者整理。

## 表 16、武漢重慶時期重要漫畫一覽表（1937～1945）

| 展覽日期 | 展覽名稱 | 主辦單位 |
|---|---|---|
| 1937/10/10～12 | 淞滬抗敵影畫展覽 | （地點：武昌） |
| 1937/12/18 | 抗敵畫展 | （地點：漢口） |
| 1937/12/23 | 全國兒童抗敵漫畫旅行展覽 | （地點：漢口） |
| 1938/1/8 | 抗敵木刻畫展 | （地點：漢口） |
| 1938/1/10 | 淞滬抗戰漫畫展覽（漢口） | （地點：漢口） |
| 1938/1/29 | 擴大宣傳周（武漢） | 武漢文化界抗敵協會 |
| 1938/2/18 | 抗敵漫畫展 | 重慶市抗敵後援會 |
| 1938/4/7 | 第二期擴大宣傳周 | 軍委會政治部第三廳 |
| 1938/5 | 抗戰建國漫畫展覽（漢口） | 軍委會政治部漫畫宣傳隊 |
| 1938/5/23～31 | 五月抗敵宣傳大會繪畫展 | 重慶市江、巴各界 |
| 1938/8/14 | 高龍生漫畫展覽 | |
| 1939/1/10～30 | 重慶勞軍美術展覽會 | 全國美術界抗敵協會等單位合辦 |
| 1939/2/26～28 | 漫畫展覽 | 軍委會政治部漫畫宣傳隊 |

| | | |
|---|---|---|
| 1939/3/25～27 | 漫畫展覽 | 軍委會政治部漫畫宣傳隊 |
| 1939 春 | 抗敵書畫展覽大會 | 青年書畫研究會 |
| 1939/10/19～21 | 抗敵圖畫宣傳展覽會 | 軍委會政治部 |
| 1939/12/8 | 抗敵圖畫宣傳展覽會 | 抗戰圖畫宣傳展覽會 |
| 1939/12/17 | 抗敵圖畫展覽 | 勵志社總社 |
| 1940/1/1～5 | 抗戰畫展 | 勵志社總社 |
| 1940/1/1～5 | 新年抗戰漫畫 | 軍委會政治部 |
| 1940/1/6 | 新年抗戰漫畫巡迴展覽會 | 軍委會政治部漫畫宣傳隊 |
| 1940/7/7 | 擴大藝術展覽會 | 國民黨中央宣傳部、中國文藝社合辦 |
| 1940/12/20～26 | 運蘇中國戰時繪畫展覽 | 中蘇文化協會 |
| 1941/5/16 | 繪畫展覽會 | 軍委會政治部文工會主辦 |
| 1942/2/11 | 漫畫展覽 | 中華全國美術會 |
| 1942/2/21～25 | 春季美術作品展覽會 | 中華全國美術協會主辦 |
| 1942/12/25～<br>1943/1/10 | 第三次全國美術展覽會 | 國民政府教育部 |
| 1943/3/19～22 | 漫畫國畫展覽 | 張文元 |
| 1943/3/26～29 | 葉淺予畫展 | 葉淺予 |
| 1943/4/8～14 | 蘇聯漫畫展覽 | 中蘇文化協會 |
| 1943/4/16～18 | 「香港的受難」漫畫展 | 中華全國漫畫作家抗敵協會 |
| 1943/7/5～11 | 抗戰六週年紀念畫展 | 國民黨中央宣傳部主辦 |
| 1943/10/29～31 | 魯少飛畫展 | 魯少飛 |
| 1943/5/12～16 | 全國美術展覽會 | 中華全國美術會紀念美術節舉辦 |
| 1944/7/7 | 抗戰七週年紀念畫展 | 國民黨中央宣傳部主辦 |
| 1945/1/18～22 | 現代繪畫聯合展覽會 | |
| 1945/3/15～20 | 八人漫畫聯展 | 中華全國漫畫作家抗敵協會 |
| 1945/4/12～19 | 八人漫畫聯展 | 中華全國漫畫作家抗敵協會 |
| 1945/4/19～27 | 《幻想曲》漫畫展 | 中華全國漫畫作家抗敵協會 |
| 1945/5/12 | 張文元漫畫展 | 中華全國漫畫作家抗敵協會 |
| 1945/6/17 | 漫畫與紅豆展覽（豐子愷等） | |

資料來源：甄榮，〈漫畫抗戰〉（華夏經緯網 http://big5.huaxia.com/whtb/index.html，
2008/10/23）；重慶市文化局修志辦公室，《重慶文化藝術志‧美術、書法、攝
影》（重慶，1998/06）。（取自陳逢申，《戰爭與宣傳：以中國抗日時期的話劇、
音樂及漫畫為例（1937～1945）》（臺北：中國文化大學，2004 年），頁 215）。

表 17、《超人》封面與戰爭時局的結合（1939～1945）

| 《超人》封面 | 出　處 | 介　紹 |
|---|---|---|
| | 《超人》封面，弗雷德·雷（Fred Ray），1941 年 9、10 月，雙月刊第 12 期，DC 漫畫出版。 | 超人與海軍水手、陸軍士兵勾手併肩向前行走，慶祝退伍軍人節。 |
| | 《超人》封面，弗雷德·雷（Fred Ray），1941 年 11、12 月，雙月刊第 13 期，DC 漫畫出版。 | 描繪超人在海上擊敗納粹士兵，解救百姓的畫面。 |
| | 《超人》封面，弗雷德·雷（Fred Ray），1942 年 1、2 月，雙月刊第 14 期，DC 漫畫出版。 | 畫面中同時出現英雄超人、美國國旗盾牌以及美國國鳥白頭鷹，象徵反擊戰爭的愛國正義之化身。 |
| | 《超人》封面，弗雷德·雷（Fred Ray），1942 年 7、8 月，雙月刊第 17 期，DC 漫畫出版。 | 描繪英雄超人對付二戰敵人的情節，只見超人兩手輕鬆抓起狼狽的希特勒還有東條英機，反應當時美國反敵的情緒意涵。 |

| | | |
|---|---|---|
|  | 《超人》封面，弗雷德·雷（Fred Ray），1942 年 9、10 月，雙月刊第 18 期，DC 漫畫出版。 | 利用超人形象向國民宣傳動員購買戰爭儲蓄債券和郵票用來對付日本軍閥「War Savings Bonds and Stamps Do the Job on the Japanazis!」 |
|  | 《超人》封面，傑克伯恩利（Jack Burnley），1943 年 7、8 月，雙月刊第 23 期，DC 漫畫出版。 | 描繪納粹士兵從潛水艇的望眼鏡中看到超人正游泳接近，顯得驚慌失措害怕的模樣。 |
|  | 《超人》封面，傑克伯恩利（Jack Burnley），1943 年 9、10 月，雙月刊第 24 期，DC 漫畫出版。 | 英雄超人高舉美國國旗，象徵愛國正義之化身。 |
|  | 《超人》封面，韋恩唐、喬治·魯索斯（Wayne Boring 、 George Roussos），1944 年 1、2 月，雙月刊第 26 期，DC 漫畫出版。 | 畫面中，超人狠狠抓起德國納粹宣傳部部長保羅·約瑟夫·戈培爾（Paul Joseph Goebbels，1897～1945），暗示企圖要阻止他利用柏林電台宣傳希特勒政權及法西斯主義。 |

資料來源：The Grand Comics Database Project（GCD）（http://www.comics.org/）

表 18、《美國隊長》封面與戰爭時局的結合（1939～1945）

| 《美國隊長》封面 | 出處 | 介紹 |
|---|---|---|
| | 《美國隊長》封面，傑克（Jack Kirby），1941 年 3 月，第 1 期，Marvel 公司出版。 | 《美國隊長》第一集封面便與希特勒直接面對面應戰。將希特勒和他的軍隊打的落花流水。 |
| | 《美國隊長》封面，喬西蒙（Joe Simon），1941 年 4 月，第 2 期，Marvel 公司出版。 | 美國隊長進入希特勒營區解救年輕盟友巴基（bucky）並且阻止德軍準備進攻美國的計畫。 |
| | 《美國隊長》封面，亞歷克斯（Alex Schomburg），1941 年 5 月，第 3 期，Marvel 公司出版。 | 德軍一名將軍利用化學武器將自己改造為紅骷髏的怪物，美國隊長仍順利擊敗紅骷髏的軍隊，解救人質。 |
| | 《美國隊長》封面，傑克（Jack Kirby），1941 年 11 月，第 8 期，Marvel 公司出版。 | 納粹軍團野心再起，依舊被美國隊長擊敗消滅。 |

| | | |
|---|---|---|
|  | 《美國隊長》封面，阿維森（Al Avison），1942 年 4 月，第 13 期，Marvel 公司出版。 | 二次大戰中，美國隊長的新敵人日本軍閥，美國隊長給軍閥首相東條英機重重一擊，並對著他說「你引發這場戰役，現在由我們來結束。（You started it .now-we'll finish it.）」暗喻美國將全力出擊，毫不手軟。 |
|  | 《美國隊長》封面，阿維森（Al Avison），1942 年 5 月，第 14 期，Marvel 公司出版。 | 美國隊長深入日本軍閥敵營，與日軍和怪物纏鬥，順利解救人質巴基。 |
|  | 《美國隊長》封面，阿維森（Al Avison），1942 年 9 月，第 18 期，Marvel 公司出版。 | 珍珠港事件後，美國對日本充滿成見，從美國隊長封面將日兵繪成醜陋兇殘的角色圖像便可窺知一二。 |
|  | 《美國隊長》封面，悉尼（Sydney Shores），1942 年 11 月，第 20 期，Marvel 公司出版。 | 美國隊長與盟友巴基潛入納粹軍區，企圖摧毀他們的彈藥庫。 |

| | | |
|---|---|---|
|  | 《美國隊長》封面，阿維森（Al Avison），1943 年 1 月，第 22 期，Marvel 公司出版。 | 美國隊長與盟友巴基率領美國海空軍隊登陸日本佔領區，毫不客氣予以反擊，將敵人打的落花流水。 |
|  | 《美國隊長》封面，悉尼（Sydney Shores），1943 年 3 月，第 24 期，Marvel 公司出版。 | 日本軍閥與黑道份子黑龍會（Black dragon society）合作想要消滅美國隊長，最後仍以失敗收場。 |
| 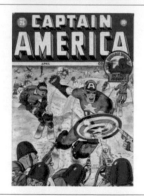 | 《美國隊長》封面，悉尼（Sydney Shores），1943 年 4 月，第 25 期，Marvel 公司出版。 | 美國隊長與盟友巴基率領美國空陸軍隊在雪地中與日本軍閥作戰。 |
|  | 《美國隊長》封面，亞歷克斯（Alex Schomburg），1943 年 7 月，第 27 期，Marvel 公司出版。 | 面對美國隊長與空陸軍隊的反攻，納粹軍閥個個面露驚恐害怕模樣，紛紛轉頭逃亡。 |

| | | |
|---|---|---|
| 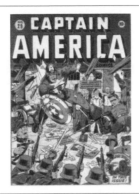 | 《美國隊長》封面，亞歷克斯（Alex Schomburg），1943年8月，第29期，Marvel公司出版。 | 這次納粹軍閥入侵法國，準備槍決自由法國的地下總部成員（Free French underground headquarters），所幸美國隊長及時搶救化解危機。 |
|  | 《美國隊長》封面，亞歷克斯（Alex Schomburg），1943年10月，第31期，Marvel公司出版。 | 美國隊長與盟友巴基深入日本軍敵方營區，解救人質。 |
|  | 《美國隊長》封面，悉尼（Sydney Shores），1943年11月，第32期，Marvel公司出版。 | 美國隊長盟友巴基被日軍挾持為人質，被綁在炸彈上，所幸在美日雙方交戰之時，美國隊長身著跳傘順利搶救。 |
|  | 《美國隊長》封面，亞歷克斯（Alex Schomburg），1943年12月，第33期，Marvel公司出版。 | 隨著美國隊長率領美軍步步逼近，納粹軍隊只能緊守在自己堡壘，做垂死掙紮。 |

| | | |
|---|---|---|
|  | 《美國隊長》封面，悉尼（Sydney Shores），1944 年 2 月，第 35 期，Marvel 公司出版。 | 美國隊長與盟友巴基潛入佛教寺廟，解救被日本黑龍幫黑道勢力俘虜的美國士兵。利用東方宗教廟宇作為背景，不論佛像、日本人嘴臉均顯現醜陋模樣，帶有濃厚歧視的意味。 |
|  | 《美國隊長》封面，悉尼（Sydney Shores），1944 年 3 月，第 36 期，Marvel 公司出版。 | 美國隊長輕鬆俘虜了正在逃亡的希特勒，象徵法西斯主義的時代即將結束。 |
|  | 《美國隊長》封面，亞歷克斯（Alex Schomburg），1944 年 4 月，第 37 期，Marvel 公司出版。 | 美國軍隊已經順利攻掠並奪回被納粹佔領的地區，只見敵軍倉皇逃煌的驚恐表情。 |
|  | 《美國隊長》封面，亞歷克斯（Alex Schomburg），1944 年 5 月，第 38 期，Marvel 公司出版。 | 美國對日軍的仇日情結再次展現於漫畫中，醜陋的暴牙、瞇眼，以及邪惡的表情，成為美國對日本軍閥典型的壞人模樣。 |

| | | |
|---|---|---|
|  | 《美國隊長》封面，亞歷克斯（Alex Schomburg），1944年6月，第39期，Marvel公司出版。 | 二次大戰接近尾聲，美國軍隊逐漸佔上風，面對德軍、日軍的反擊更是加緊馬力，予以痛擊一番。讓讀者看了大快人心。 |
|  | 《美國隊長》封面，亞歷克斯（Alex Schomburg），1944年7月，第40期，Marvel公司出版。 | 美國隊長與盟友巴基帶著炸藥深入日本營區，打算摧毀敵方的基地。 |
| 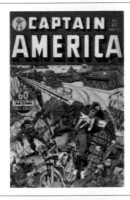 | 《美國隊長》封面，亞歷克斯（Alex Schomburg），1944年8月，第41期，Marvel公司出版。 | 美國隊長成功阻止了日軍原本打算摧毀美國軍隊行進的橋墩，化解危機。 |
|  | 《美國隊長》封面，亞歷克斯（Alex Schomburg），1945年4月，第46期，Marvel公司出版。 | 美國隊長解救被納粹關在集中營的猶太民族。 |

| | | |
|---|---|---|
|  | 《美國隊長》封面，亞歷克斯（Alex Schomburg），1945年6月，第47期，Marvel公司出版 | 美國隊長襲擊德軍飛彈基地，讓國家倖免於難。 |

資料來源：The Grand Comics Database Project（GCD）（http://www.comics.org/）